JN409900

소풍
여든넷 소녀의
아름다운 성장 이야기

한국화 작가 **유기준**

예원예술대학교 조형미술학과 한국화전공 졸업
同대학원 미술전공 졸업
개인전 8회(서울, 전주, 군산)
아트페어 9회(프랑스, 독일, 홍콩, 서울, 전주, 부산)
전국벽골미술대전 대상
전국춘향미술대전 대상

나는 날마다 꽃처럼 피어나는 마음으로
새 아침을 맞이한다.

아침이 오면 상쾌하고 몸에 보드라운 것들이
나를 힘차게 해준다.

매일 나는 소녀의 마음으로 아침을 맞는다.

드리는 말

내가 이 글을 쓰게 된 이유는 매우 단순하다. 몇 년 전 스마트폰을 갖게 되어 자식들과 더듬더듬 문자를 나누었다. 그렇게 문자 오가는 횟수가 많아지다 보니 자식들이 책을 써보라는 것이다. 그 말을 들으니 그리운 어머니가 떠올랐다. 어머니! 내겐 언제나 가슴 아프고 울컥해지는 이름이다. 펜을 잡으니 걷잡을 수 없는 서러움이 밀려왔다. 그렇게 잡았던 펜을 놓기를 몇 달 동안 했다. 어찌 어찌 시작하니 내 마음속에서 잠자고 있던 생각들이 두서없이 떠올랐고 자연스레 종이에 옮겼다.

솔직히 나는 문학인도 아니고 또 많이 배운 사람은 더더욱 아니니 큰 부담 같은 건 내려놓고, 그냥 생각나는 대로 썼다. 지금까지 살아오면서 내 이름조차도 잊고 살아온 지극히 평범한 아내였고, 며느리였고, 엄마였다. 그런 내가 책을 쓰다니…… 세상은 오래 살고 볼 일이다. 글을 쓰면서 평범했던 삶이 조금은 특별해지기 시작했다. 예전엔 느끼지 못한 신선하고 상쾌한 아침을 맞이하게 된 것이다. 세상을 보는 눈과 마음이 열리니 아무리 복잡한 일이 닥치더라고 느긋하게 받아들이는 여유가 생겼다. 그러니 이보다 더 큰 소득이 어디 있으랴.

부족한 내가 이렇게 어엿한 저자가 되기까지 많은 사람들의 도움이 컸다. 우선 손녀가 많은 도움을 주었다. 내게는 참으로 소중한 아이다. 그리고 거칠고 투박한 글을 이렇듯 아름다운 책에 담아 세상에 선보여준 인포피아 박재관 대표님께 감사드린다. 더불어서 시를 통해 또 하나의 한성현이 되어준 유일여고 학생들과 전북대학교 학생들에게도 진심으로 감사의 뜻을 전한다. 모쪼록 많은 분들이 이 책을 통해 힘을 얻으시길 간절히 바란다.

차례

소풍

그리운 어머니 I

내 고향은 순창군 인계면 갑동리이고 청주한씨다. 우리 어머니는 전주이씨다. 성함은 알 듯 말 듯 희미한데 나 어렸을 적에 어머니가 외할머니에게 편지를 자주 쓰시던 모습을 본 기억이 난다. 밤이면 호롱불을 밝혀놓고 그 밑에 엎드려 펜촉에 잉크 찍어가며 글씨를 사각사각 쓰시는 걸 보고 자랐다. 그때 봉투에 이금주라고 적혀있던 이름이 어머니 이름이라고 생각하며 지금까지 살아왔다. 그 시대에는 여자들의 이름이 불리지 않던 시대였기에 자식들이 알 수가 없다. 아득한 옛 일이기에 내 어린 마음으로 돌아가 어머니 이름을 불러보고 싶은 마음에서 이렇게 적어 본다.

어머니 생각을 하며 펜을 들고 보니 만감이 교차하고 말할 수 없이 참 많이도 울컥해지는구나. 내 생전 처음 제대로 써보는 글이지만(글이라고 하면 너무나 거창하다는 생각이 들긴 하지만) 어머니 없는 서러움에 가슴 아팠던 지난날 사연을 용기 내어 꺼내보련다.

어릴 적 이야기는 슬픈 추억밖에 없다. 어머니가 우리 사 남매를 남겨두고 서른여덟이란 젊은 나이에 우리 곁을 떠나셨다. 아마 무척이나 무거운 걸음으로 뒤돌아보며 터벅터벅 가셨을 것이다. 사 남매 중 내가 둘째인데 어머니가 나를 참 많이도 예뻐하며 키웠다고 할머니에게 들었다. 그래서인지 예쁜 옷도 많이 입게 해주셨다. 어머니 돌아가실 무렵 언젠가 노란 저고리에 까만 유동치마를 입고 학교에 갔는데 반 친구들이 무척이나 부러워했던 기억이 지금도 생생하게 떠오른다. 사는 동안 이런 생각을 할 때마다 입꼬리는 어느새 살그머니 귀밑으로 올라간다. 80이 넘은 지금도 말이다. 그 시대는 비단옷이 귀할 때인데 나는 사치스럽게 자라온 셈이다. 그 시대에는 보통 사람들은 헐벗고 굶주리며 살았다. 지금 텔레비전에서 보는 아프리카를 연상하면 될 듯하다.

어머니가 화장을 하신 날은 어김없이 아버지가 오시는 날이다. 그때 우리 아버지는 동계에서 주조장을 하시며 가끔 집에 오셨는데, 삼십 리 길을 걸어서 집에 오셨다. 그렇게 아버지와 따로 생활하셨으니 어머니는 항상 외롭게 사셨으리라. 내가 나이 들어 이런 생각을 해보았다. 그렇게 외롭게 사셨을 어머니를 생각하면 마음이 쓰리고 아파온다. 그 시대에는 화장품이라고 해야 구루무와 분과 볼땐지가 전부였겠지만 어린 내 눈에는 어머니가 화장하신 모습이 그렇게 예쁘고 아름다울 수가 없어 어머니 옆에 다가가서 킁킁 냄새도 맡아보고 그랬다.

일제시대에는 이른 봄에 집집마다 한 사람도 빠짐없이 나와 보리밭을 밟게 했는데 거기를 가실 때도 곱게 단장하고 머리에 가르마 길을 반듯하게 내고 화장을 곱게 하고 자주색 치마와 연초록 저고리에 자주고름을 날리며 방문을 조용히 열고 나오시던 그때 그 모습을 그리워하며 지금까지 살았다. 지금 이 순간에도 생생하게 내 눈앞에서 활동사진처럼 돌아간다. 이런 생각이 떠오를 때는 내 몸과 마음이 지탱하기 힘들어진다. 반면에 우리 아버지는 성품이 참으로 차갑고 냉정하신 분이다. 그런 아버지를 그리워하며 외롭게 사시다 허무한 일생을 마치고 가신 게 내가 나이가 들수록 내 가슴을 짓누르며 아리게 한다. 어머니는 형제도 없이 무남독녀로 고독하게 성장기를 보내며 공부도 잘하셨다고 들었다.

그런 어머니가 어느 날 늦은 오후 몹시 고통스런 모습으로 나를 불러 선반에 있는 환약을 내려달라고 하신다. 약을 드신 후에도 별 효과 없이 고통은 여전하고 그렇게 고통 속에 시간을 흘러 밤이 깊어가면서 쌍둥이를 분만하시고 그만 정신을 잃고 말았다. 산모가 의식이 없으니 태반이 바로 밀고 나와야하는데 그러지 못해 혼수상태인 산모 배안에서 며칠을 녹아내리고 여름이 시작되는 오월에 날씨는 점점 더워져 음식을 먹지도 못하니 몸은 자꾸만 야위어 갔다. 이렇게 그럭저럭 한 이십여 일이 지난 어느 날 일하는 사람을 불러 큰 대야에다 물 좀 따듯하게 데워오라고 하시더니 본인이 직접 몸을 씻고 나서 참 개운하다 하시며 장롱에서 제일 좋은 옷으로 갈아입고 나를 부르셨다. 후다닥 들어가니 밖에 나가 바람 좀 쏘이고 싶다 하시며 내 손을 꼭 잡고 나가자고 하신다. 밖에 나간 어머니는 여기저기 보시며 장독대를 만져보고 고개를 들고 대밭을 보시며 '댓잎이 참 푸르다'고 하시며 '따뜻해서 참 좋구나'를 연발 하셨다. 기분이 무척이나 좋아 보였다. 그러다 '그만 들어가야겠다'하시며 내 손에 힘을 주어 꼭 잡고 마루에 올라와 방으로 들어서는 순간 퍽하고 쓰러지며 의식을 잃고 말았다. 그날 뒤안에서 어린 내 손에 의지하며 어린아이가 걸음마 하듯이 걸으며 도란도란 이야기 했던 천금같은 그 시간이 어머니와의 마지막이 될 줄은 어린 아이가 꿈엔들 상상이나 했을까?

그 후 삼일 만에 다시는 돌아올 수 없는 멀고

도 먼 길을 사랑하는 자식들을 남겨두고 가셨다. 아마도 가시는 길에 눈물이 앞을 가려 길이 안 보일까봐 눈도 감지 못하고 터벅터벅 몸부림치며 한을 품고 가셨을 것이다. 그래서 우리 할아버지가 쓸어내려 눈을 감겨 드렸다. 나는 이렇게 가버린 어머니를 그리워하며 어린 시절을 보냈고 언제나 마음속에 담아 놓고 지울 수가 없었던 것이다. 이런 가슴 아프고 슬픈 일들이 세월 속에 묻힐 수도 있으련만 나에게는 십일 년이란 짧은 시간의 일이기에 나이가 들어감에 더욱 그리움이 생생해진지도 모른다. 결혼 후 일이 많고 몸이 아파도 하소연 한번 할 데가 없어 혼자 속으로만 고시랑고시랑하며 억척스럽게 살아온 시간들…….

어머니 시신이 안치된 방을 어린 형제가 지키며 울기도 많이 울었고 그러다 지쳐 쓰러지고 밥도 안 먹고 잠도 못 잤다. 그런데 누가 내게 벽장에 올라가서 뭘 좀 가져오라고 해서 그걸 가지고 돌아나오다 그만 뒷문 쪽에 누워계신 어머니 얼굴을 마주보며 소스라치게 놀라서 바닥으로 떨어져 정신을 잃고 그 후로는 놀란 충격으로 슬픔마저도 사라졌다. 그때 너무 많이 울어서 눈물샘이 터져버렸는지 지금 이 나이에도 어머니 말만 들어도 눈시울이 뜨거워지고 눈물이 나서 실수할 때도 있다.

그 시대는 제도가 엄격했다. 자식이 부모 앞에 가게되면 모든 절차를 생략해 간소화 했던 걸로 기억된다. 3일만에 출상하고 영정을 모신 방에서 음력으로 초하루와 보름에 상식상을 올리고 그 앞에서 어린 형제가 곡하는 소리에 지나가는 동네 어른들이 따라 울지 않는 사람이 없었다고 한다. 거기에다 쌍둥이들을 돌봐야 하는 일이 가장 큰일이었다. 덥기도 하고 둘이나 되기 때문에 애로가 이만저만이 아니었지만 그래도 다행히 연유를 구할 수 있어 그걸로 먹이며 그럭저럭 키우다 둘째가 등에 단독이라는 종기가 생겨 엄마도 없는 그 어린 것을 눕히지도 못하고 밤낮 안고 지내야 했기 때문에 나는 아기들을 따라 울기도 많이 울었다. 안쓰러워 울고 어린 내가 힘들어서도 울고…….

그러다 그 해 겨울에 아버지가 지금의 어머니와 결혼을 하시고 어머니가 오시니 한결 의지가 되었다. 어머니가 처녀 몸으로 시집오셔서 신혼 생활도 없이 어린 쌍둥이 돌보랴 큰 집안에 살림에다 지금 와 생각하면 어찌 그 상황을 견디며 헤치고 사셨는지 그 생각을 하면 맘이 아리고 아프다. 그래서 우리 형제가 팔남매이다. 지금에 와서 내가 철이 들어감인가 이런저런 생각이 내 마음을 무겁게 한다. 모녀간이라는 인연을 떠나서 같은 여자 입장이 되어보면서 어머니와 내가 지나온 시간들을 생각할 때 더욱 존경스럽고 애틋함이 샘솟듯 솟아오른다. 참 대단한 어머니신데 그 은혜에 보답해 드리지 못하고 나이만 먹고 있는 나 자신을 되돌아보면 아쉽기만 하다. 그리고 쌍둥이들은 채 열 달을 살지 못하고 한 달 간격으로 어머니 품으로 떠나고 말았다.

이 글을 쓰면서 많은 생각도 하게 되고 굽이굽이 돌아보며 눈물콧물 흘려가며 써내려가다보니 생생하게 떠오르는 기억들을 더듬으며 여기까지 오면서 이런 생각도 하게 된다. 엄마에게 애틋한 정을 느끼며 자라야 할 나이에 외로움과 슬픔만을 배우며 성장기를 보내서일까? 거울에 비친 내 얼굴에는 항상 그늘이 있음을 보게 된다. 그렇게 허무하게 가버린 내 어린 시절과 어머니가 남겨놓은 내 마음에 빈자리는 항상 망각 속에 무성 영화로만 남아 있을 뿐 아무 소용없는 망상임을 깨닫고 속으로 피식 웃고만다.

어머니 돌아가신 후 열서너 살 때쯤에 밤이면 석유 등잔불 앞에서 수를 놓았다. 밤이 새도록 말이다. 아마 꿈과 희망도 한땀 한땀 놓았을 것이다. 수를 놓다 말고 밤마다 밖에 나가 밤하늘을 보는 버릇이 있었다. 달이 밝은 밤에도, 별이 초롱초롱한 까만 밤에도, 밤하늘을 올려다보며 엄마 모습을 생각하며 나도 몰래 흘린 눈물이 볼을 타고 내려와 내 작은 가슴을 적신다. 그래도 지금 어머니 보는 앞에서는 한 번도 눈물을 보인 적 없이 시집을 갔다. 참 가여운 아이였다. 엄마가 안 계시니 철이 일찍 들어서일까? 지금은 슬픈 추억의 저편에 서서 서로의 마음에 끈으로 묶여진 채 멋진 삶을 다시 만들어 보고싶은 생각에 한없이 아쉬움만 안고 지나온 시간들을 거울삼아 알차게 살아야겠다고 생각한다. 어쩌면 그리움이란 고달픔을 달래주는 아픔인지도 모른다. 어린 시절을 아프게만 살아온 시간들이 지나고 보니 지금은 보석같은 내 자식들이 나를 위로하며 내 마음을 다독다독 어루만져준다.

친정 아버지 회갑 기념사진. 순창 우리집에서 잔치를 열었다.

사진

사진은 말하지 않는다.

사진 속 풍경은 바람에 흔들리지 않는다.

사진 속 인물은 주변에 반응하지 않는다.

박제된 과거의 모습으로 정지되어 있을 뿐이다.

과거 시간에 박힌 사진은

당시의 사연과 감정을 시간 사이로 꽁꽁 숨긴 채

머리카락 한 올, 먼지 한 톨 보여 주지 못한다.

현재, 사진을 바라보는 사람의 감정만 남을 뿐이다.

사진이 주는 뒤늦은 애틋함은 그리움이다.

상실한 후의 그리움이다.

사진은 단단한 포장지에 싸인 추억이다.

만지지도 바꾸지도 못 하는 기억이다.

오늘은 다르다.

만질 수 있고 바꿀 수 있다.

'익숙함' 이라는 포장지에 싸여 있지만

포장지를 걷어 내면, 살아 있는

나의 소중한 존재들이 있다.

사진을 보는 삶이 아닌

현재를 사는 삶이 되길

뒤늦은 후회로 그늘진 삶이 아닌

그늘지지 않도록 따뜻한 빛을 발하는 매일이 되길.

최서영

할아버지

여기서부터는 내 나이 대여섯 살 때 할아버지와의 추억을 이야기를 해야겠다. 내가 다섯 살때부터 여덟 살 학교에 입학할 때까지 할아버지가 거처하시는 사랑채에서 삼촌들과 홍일점으로 언문도 배우고 한문도 배우며 심부름도 열심히 해드리며 벼루에 먹물을 갈아드렸다. 그러다 연적에 물이 없으면 가지고 나가서 그릇에 물을 담고 그 안에다 연적을 넣으면 한 구멍에는 물이 들어가고 한 구멍에서는 물방울이 뽀골뽀골 올라오는 게 참 재밌었다. 그걸 보기 위해 시키지 않아도 그 일을 지속적으로 했다.

어느 날 밤에는 할아버지께서 우리들이 공부하고 있는 윗방 미닫이를 살그머니 여시면서 들여다보시고 흐뭇한 표정으로 "얘들아 오늘밤 달이 밝으니 바람 쐬러 갈거나?" 라고 하시며 우리들을 앞세우고 대밭을 지나 동산으로 들어선다. 거기서 그동안 배운 한문을 다시 익혔다. 우리는 손을 잡고 강강수월래 하듯 온 동산을 돌며 할아버지가 선창을 하시면 우리들이 그 뒤를 이에 따라 외우며 공부했다. 내가 좀 더 컸더라면 많은 도움이 되었을 터인데 너무 어렸을 때라 그 점이 아쉽다. 그러다 내가 학교에 가서는 일본 공부만 해야 했기 때문에 할아버지께 배운 한문은 점점 잊어버리게 되고 내 나이 열세 살 육학년 때 팔일오 해방이 되고 보니 일본 공부가 필요 없어졌다. 지금은 한글이라 하지만 그때는 언문이라 했는데 한글을 아는 학생은 거의 없었다. 한 반에 두

동갑내기 사촌과 나. 어렸을 때 쌍둥이처럼 같이 컸던 사촌.
무남독녀였던 사촌은 나와 함께 의지했다.

명뿐. 나하고 나와 동갑인 사촌이 있었다. 그래서 우리 둘이서 반 학생들을 가르쳐 주었던 생각이 난다.

내가 시집 올 때까지 할아버지 심부름을 열심히 해드렸는데 심부름 중에 제일 힘든 일은 아침에 세수하실 물을 준비하는 것이었다. 지금은 가벼운 대야가 있지만 그때는 세수통이라고 부르던 게 있었다. 두툼한 판자로 짜서 만든 통이다. 나무니까 마르면 안 되기 때문에 물을 항상 담아두어야 하기에 무거웠다. 그래도 여름에는 수월하다. 겨울에는 쇠죽솥에 데워야 하기 때문에 무거워 낑낑대며 들고 나오다보면 방귀도 뽀골뽀골 나온다. 그러면 머슴이 "쬐깐한 아가씨가 힘든갑다"라며 웃는다. 그 말에 나도 무렴한 마음이 들어 몰래 웃는다. 심부름이 또 한 가지 있다. 하루에 일고여덟 번 드시는 술심부름이다. 겨울에는 화롯불 곁을 지키며 데워서 갖다 드려야 했다. 그래도 가벼우니 한결 수월하다. 할아버지가 잡수셔야 할 술은 언제나 집에서 담근 가용주다. 그래서 한 달에 두 번 담그는데 한 번에 두말씩 두 번을 담그고 그래서 한달에 네 말 술을 잡수신 셈이 된다.

우리 할아버지는 자수성가 하시여 살림을 일구신 분이다. 가난한 집안에 다섯째 아들로 태어나 장가가서 따로 살림을 일구어 순창군내에서 다섯 손가락 안에 든 부자가 되어 면 안에서 유지로 사셨다. 하지만 머슴들에게도 일을 시키면서도 피곤하지 않게 하셨다. 그때는 일기 예보가 없는 때라 머슴에게 일을 시키시다가 아무개야 낼 모레가 조금이니 비설거지를 하라고 말씀 하시면 그날밤에 어김없이 비가 온다. 그러면 머슴이 "아이고 샛님은 어찌 그리 비오는 날도 딱맞게 잘도 아시오"라고 감탄한다. 그러면 할아버지께서 유머스럽게 "이놈아 그렇게 나는 샛님이고 너는 머슴이지"라고 대답하신다. 참 재미있고 멋을 아는 분이시다. 할아버지 방과 머슴들 방 벽 사이에 네모지게 구멍을 내어 할아버지 방 쪽에다 유리를 붙이고 머슴방 쪽에다 호롱불을 밝히고 일을 하게 했다. 참 기가 막힌 아이디어다. 호롱불 하나로 두 방을 밝힌 것이다.

그땐 누구나 가난했다. 있는 가정에서도 맘 편히 쌀밥을 해 먹을 수가 없어 겨울에는 고구마, 여름에는 감자를 밥솥에 쪄서 밥에 얹어 먹었다. 나는 그때 고구마와 하지 감자를 맛있게 먹으며 자랐다. 일제 강점기에는 가을이 되면 농사지은 사람들이 수확한 곡식들을 지서에다 바쳐야 했다. 그때가 되면 일본 순사들이 허리춤에 번쩍번쩍한 칼을 허리에 차고 덜그럭덜그럭 구두를 신고 동구 밖에 들어선다. 그러면 우리 할아버지는 사람을 시켜 우리 집으로 데려오게 하고 안채에다가는 점심 준비를 시키신다. 그러기 때문에 부엌일 하는 사람이 서너 명 되었다. 순사에게 술과 밥을 배불리 먹이고 동네를 돌지 못하게 데리고 앉아 이런저런 이야기 하시며 미운 사람 떡 하나 더 준다는 식으로 "이 사람들아 저 불쌍한 사람들을 좀 도와줘"라고 말씀하시며 "일 년 내내 뼈 빠지게 농사지어 너희들에게 다 주고나면 뭘 먹고 또 내년에 농사를 지으란 말이냐"라고 하시며 사정을 하셨다. 이렇게 한 동네 어른으로서 그 악독하고 호랑이보다 무서운 일본 순사들을 달래며 다독거려 보내신 것이다. 이런 성품이기에 꽃거지들이 많이 따르고 집에까지 찾아오기도 했다. 지금으로 말하자면 플레이보이라고 할 수 있다. 이런 값지고 아름다운 이야기들 중 세월 속에 묻혀 찾지 못한 이야기도 많으리라. 우리 모두가 어른들에게 배워야 할 점은 오랜 삶의 체험에서 우러나온 지혜가 아닌가 싶다. 이 글을 쓰고 있는 순간순간 그 시절이 내 앞에 서성이며 슬라이드처럼 지나간다.

할아버지

내 나이 대여섯 살

이루 말할 수 없을 정도로 컸던 할아버지의 그림자

내면에 담긴 걱정은 모르쇠

큰 모습만 닮고 싶어했던 철부지 같은 어린 시절

세월 속에 묻힌 가난

거울에 비친

풍요로운 내 마음

세월이 보여주는 지혜

할아버지는 나의 스승이었다

홍은희

아버지

그런데 우리 아버지는 성품이 완전히 다르다. 자식들에게도 냉정하고 엄하셨다. 아버지 앞에서는 맘대로 걷지도 못하고 발을 바닥에 밀고 다녔다. 한때 우리 형제들이 아버지 생신을 순서대로 돌아가며 해 드리기로 했다. 그런데 나는 달랐다. 시댁과 친정은 나 결혼 전부터 양가 할아버님이 글로 맺어진 둘도 없는 절친한 관계였기에 자연적으로 아버지 두 분도 친하게 지내셨다. 그런데다 우리 시부모님들은 남에게 베푸는 걸 좋아 하시기 때문에 눈치 살필 필요 없이 생신을 자주 챙겨 양가 식구들 다 모여서 즐기고 순서 없이 생신을 챙겨드리며 시어른들에게는 감사한 마음을 떠올리며 열심히 살아왔다.

그때는 그런 생각도 할 줄 모르고 그냥 그렇게 살았는데 지금 와서 생각해보면 좀 아쉬운 생각이 드는 건 칭찬을 한 번도 듣지 못했다는 점이다. 옛말에 '칭찬에는 발이 달리고 험담에는 날개가 달렸다'는 말이 있다. 꼭 칭찬을 들으려고 한 일은 아니지만 그때 한번이라도 칭찬을 받았다면 그 힘으로 나는 한발 더 앞섰을 것이다. 그리고 일제 강점기에는 수험료를 제 날에 안 내면 몇 번이고 가져올 때까지 집으로 돌려보낸다. 나도 한번은 집으로 쫓겨와서 아버지가 무서워 말도 못하고 우두커니 서있다 시간만 흘려보내다 겨우 모기만한 소리로 수험료 가지러 왔다고 했다. 이 말에 아버지는 "내일 가져가"라고 대답하셨다. 그래서 오늘 꼭 가져오라고 했다고 말씀드렸더니 비로 마구 때리시는 것이 아닌가. 그래서 맞지 않으려고 대밭으로 도망을 갔는데 거기까지 쫓아와 잔인하게 때리셨다. 이렇게 매를 맞고 그날 학교도 못 갔다. 가봤자 도로 쫓겨올 게 뻔하기도 하고, 우선 걸을 수도 없었다. 그렇다고 아버지 수중에 돈이 없던 것도 아니다. 가끔 보면 장롱 서랍에서 돈 묶음을 본 적이 있다. 있는 돈도 안 주고 걷지도 못하게 때리기만 했던 아버지가 돌아가실 때까지 무서웠다. 이 글을 쓰면서 이런 생각을 해본다. 다음 생애에 아버지를 만날 때는 좀 더 따뜻한 아버지로 만났으면 좋으련만 이런 바람마저도 나만의 희망 사항으로 멈출는지 모르겠다.

바람

풀꽃 내음을 담은 바람은
살결과 목구멍 안으로 풀꽃을 스며들게 한다.
그렇게 따뜻한 바람은
내가 감사할 수 있게 만든다.

아버지도 그러셨음,
나를 일어서게 하는,
감사하게 하는,
따뜻한 분이셨음 했다.

날카롭고 차가워 내게
생채기를 내는 칼바람이 아닌,

나를 소생하게 하는
좀 더 따뜻한 바람으로 내게
불어와 주셨음 했다.

백은주

나물 캐던 기억

나는 어렸을 적에 명절이 돌아오면 즐겁지가 않았다. 동네 내 또래 친구들은 명절 때만 되면 밤이나 낮이나 모여서 놀고 했는데 나는 그러지를 못했다. 그러니 자연히 외톨이가 되었다. 그 시절에도 놀이가 다양했다. 모여서 놀다보면 시간이 늦어지고, 그러면 집에 들어갈 수 없기 때문에 아예 포기하고 살았다. 봄이 되면 동네 여자아이들이 모여서 나물 캐러 가는데 어찌나 가보고 싶었던지 마음에 수십 번 망설임 끝에 겨우 승낙을 받아 소쿠리와 나물 캐는 작은 칼을 들고 따라가 보았다. 참으로 재미있었다. 우선 집에서 해방된 느낌도 있고 친구들과 수다 떠는 재미 또한 쏠쏠하였다. 나물을 캐다보면 땡볕에 캐놓은 나물이 시들어 마른다. 그러면 캐놓은 나물을 땅을 파고 거기다 묻어 둔다. 해가 지기 전에 집에 가야하기 때문에 해 시간 보랴 나물 캐랴 눈알이 바쁘게 돌아간다. 올 때 묻어 놓았던 나물을 파서 소쿠리에 담으면 팔팔해서 양이 많아진다. 참으로 훌륭한 아이디어였다. 이런저런 기억들이 새록새록 떠오른다.

나물 캐던 기억

혼자 시간 보내는 낮
해도 시든 쓸쓸한 낮
그런 낮을 보낼때면
어째밤보다 더 어두운 것 같다

나물 캐는 친구들 집 앞을 지나며
누구더러 들으라고 하하호호 웃는지
나물 캐러 가고 싶다 말하기가 두려워
그날 하루 잡초처럼 시들하게 보냈네

겨우겨우 용기 내어 나물 캐러 갔다네
소쿠리에 칼을 들고 나물 캐러 갔다네
그날 하루 해마저도 어찌나 쌩쌩한지
저고리색 하늘에는 구름 한 점 없었다네

지금에야 생각하니 웃음이 절로 나네
팔팔한 나물 더미 한 움큼 캐고 나선
너나없이 노래 부른 그날의 나물을
이제 보니 다시 한 번 맛보고만 싶네

김은서

고향집

그리고 할아버지가 거처하신 사랑채 뜰방 앞에 배나무 한 쌍이 정답게 나란히 서있고 오른쪽 담장 옆에는 목단, 작약, 물구꽃(지금은 상사화라고 한다), 그 옆에는 수십 년 된 영산홍이 우아하게 자태를 뽐내고 서있다. 철 따라 꽃이 없을 때가 없었다. 왼쪽 담장 앞에는 벌통이 서너 통 서있고 그 옆에는 향기로운 국화가 한 아름 서있다. 가을이 오면 그 벌통 옆에 서있는 국화향이 나를 찾아 온 것 같은 착각 속에 살았다. 지금도 말이다. 그 착각은 나만이 간직할 수 있는 자유다. 가을이 되어 국화향이 온 집안에 향기를 뿌리고 다닐 때가 되어 햇빛이 좋은 날엔 벌들이 나와서 윙윙 돌아다니며 꿀 사냥을 하기에 부산을 떨고 다닌다. 이 글을 쓰고 있는 순간에 내 코끝에는 국화 향이 솔솔 들어온다. 잊을 수 없는 아름다운 우리 집 사랑채의 광경이다.

작년 가을에 중앙시장에 다녀오는 길 어느 가게 앞에서 어린 시절에 본 국화를 꼭 닮은 국화를 처음 발견하고 한 촉만이라도 얻어오고 싶었다. 하지만 그러질 못하고 금년 며칠 전에 시장에 다녀오던 길에 쉬기도 하고 그 화분 앞에서 서성이고 있다가 우연히 주인아주머니를 만나게 된 것이다. 지성이면 감천이라고 했던가? 어찌나 반가운지 아주머니께 자초지종을 말씀 드리며 나로서는 이 국화가 추억이 담긴 국화라며 한 촉만 얻고 싶다고 말을 했는데 흔쾌히 승낙을 해서 몇 포기 갖다 옮겨놓고 보니 내가 어린 그 시절로 돌아 온 것 같아 마음이 부자다. '꽃 도둑은 도둑이 아니다'는 말도 있지만 나잇살이나 먹은 노인이 몰래 가져오다 들키면 무슨 면목인가 싶어 꼬박 이년을 참고 기다린 끝에 내 소원이 이루어진 것이다. 참고 기다리니 이렇게 내게 행운이 찾아 온 것이다.

그렇게 웅장하고 살기 좋은 집이었는데 몇 십년이나 지났을까? 우리 작은 아버지가 돌아가시어 고향 우리 집에다 발을 들여 놓는 순간 이게 웬일인가. 차마 사람이 살아온 집이라고는 할 수 없는 전설의 고향에서나 볼 수 있는 그런 흉가로 변해있었다. 아무리 살펴봐도 옛날 윤곽을 찾을 수가 없었다. 허무한 마음으로 그림자라도 찾다가 왜 그리 주체할 수 없이 눈물만 흐르던지. 곰삭은 세월이지만 내 엄마의 그림자라도 남아 있다면 지금 이 자리에 그 엄마를 쏙 빼 닮은 딸이 왔는데 엄마 그림자에다 이 딸의 그림자를 가만히 포개볼 텐데 하는 부질없는 생각이 들었다. 사랑채 마당에서 국화꽃 한 다발 꺾어다 향기가 방안 가득히 퍼지도록 방 한 가운데 놓아드리고 왔으면 이 딸에게 여한이나 없었을 것을……. 나는 왜 그런 기회를 얻지 못하고 이렇게 한으로 남겨두고 안타까움만 안고 사는지. 이게 내가 자라온 집인지 이 구석 저 구석을 둘러봐도 딱 고만큼 낯설고 어디에도 엉덩이 붙이고 앉을 곳이 없는 내 집은 상상으로만 남아 있을 뿐 내가 자라면서 제일 좋은 추억으로 간직할 수 있는 사랑채도 문간채도 흔적도 없이 사라지고 남아있는 건물은 곳간 한 채만이 덩그러니 있었다. 사람이 살지 않으면 집의 골격이 이렇듯 사그라지는 모양이다. 참으로 쓸쓸한 순간이었다. 그래도 대밭에 대나무만은 옛 모습을 간직한 채 바람결에 한들거리며 고개 숙여 우리들을 반겨 주어 한 가닥 위안이 되었을지 모르겠다.

고향집

사랑채 뜰방은
각시취 물구꽃 아름아름
샛노란 국화 묻어나는 계절
꽃꽃이 만발한 마당에
꿀벌 비잉 여덟자로 나다니고
마루에 궁디를 걸터
발장난 잘방잘방 쳐대며
어메요 어메요 하는데

기와는 사랑채부터 엎디어
인적드문 낯을 그렸다.
거미도 꿰매지 못한
문풍지는 휘이휘이 울음 짓고
문지방 위 꼬랑내를 짚어가메
아래께부터 주저주저 앉았다.

붉은 모래바닥

대숲 그림자만 가득 드리워

갈바람에 올망졸망한 기억은

올랑가 몰라

이제는 어메요 어메요

국화 옆에 서서

윤은희

그리운 어머니 Ⅱ

오래된 초가집에 대문을 삐그드 열고 마당에 들어서니 속이 텅 빈 오동나무 한 그루가 구부정하게 서있는 그 곳을 지나 계단이 있는 뜰방을 숨차게 올라가서 안방 문을 조심스럽게 열고 들여다본다. 방 아랫목엔 도톰한 솜이불이 깔려있고 이불 속에 시린 내 손을 넣으니 참 따뜻하다. 따뜻한 이불 속에 팔베개를 하고 스르르 눈을 감아본다. 이불 속에 누워있을 때 장판이 누렇게 익는 고소한 냄새가 내 코로 사정없이 들어온다. 그 옆에는 주인을 기다리는 밥 한 그릇이 밥 멍덕 안에서 따뜻하게 잠들고 있다. 밥 냄새 또한 고소하게 난다. 고소한 밥 냄새가 내 뱃속에다 연주를 한다. 영락없는 오케스트라의 연주 소리다. 아랫목에 누워있는 동안 내 눈이 바빠진다. 여기저기 두리번거리다 보니 선반에 올려진 귀하고도 귀한 오함이 한눈에 들어와 내 눈망울을 뿌옇게 흐려놓는다. 결혼 때는 꼭 필요한 함도 따라 들어온다. 그 중에는 버들 고리 상자도 많다. 이런 것들이 내 엄마가 쓰시던 소중했던 물건들이다. 방안 윗목에는 네 발이 받쳐주고 서있는 장롱이 깔끔하게 서있다. 그 안에는 갖가지 옷들이 차곡차곡 얌전하게 개여져 감겨 있을 것이고 방 윗목 구석에는 석유 등잔이 매달려 대롱거리고 있다. 어머니 없는 빈 방에서도 엄마 품 구수한 아랫목에서 스르르 잠이 들락 말락 할 때 깜짝 놀라 무거운 눈꺼풀을 밀어 올리고 행여 그림자도 없는 우리 엄마 잠 깰라 살그머니 방문을 조용히 열고 밖을 내다볼 때 눈이 소복이 쌓인 마당에 오목오목 찍혀 있는 발자국은 분명 엄마의 발자국이다. 자기 닮은 딸이 왔다고 빈손으로 보내기 서운해서 무언가 가지러 가신 발자국이다. 그 시간에 바람이 세차게 불어온다. 시베리아 벌판에서 보내온 바람인가 말할 수 없이 차디차다. 이때가 되면 감나무에 까치밥으로 가장 높은 가지에다 감 몇 개를 남겨둔다. 그 감이 바람을 이기지 못하고 떨어지면 까치들은 이 추위에 굶을까 걱정이다. 호숫가의 억새들도 바람에 부드러운 솜털이 날려가고 앙상한 대궁이만이 한들거릴 것이다. 늦가을은 이렇듯 쓸쓸한 계절이다. 꽃바구니라도 하나 만들어 방 윗목에 놓아두고 올 것을 그것이 아쉽다.

집

오랜만에 들어선 집
속이 텅 빈 나무 한 그루
안방 속 따뜻한 솜이불
노곤하게 누워지는 봄

내 콧속 고소한 밥 냄새
옆을 보니 기다리고 있는 밥

내 뱃속에서 요동치는
고소한 밥 냄새

아아 먹고 싶다

내 엄마의 소중한 물건들
방 안 깨끗한 장롱
그안에 얌전한 옷가지들

어머니 없는 빈방에 누워
어머니 품을 느끼네

밖을 나오니 눈이 한가득
시베리아 벌판에서 온 듯
차디찬 바람

바람을 이기지 못하고
떨어지는 까치들
이 추위에 굶을까 걱정 되네

늦가을은 쓸쓸한 계절
꽃바구니라도 만들어 놓을 것을

김수민

여름날의 추억

더운 여름이면 나 어릴 적 생각이 나서 꿈속에 숨어 있는 내가 자라온 그 시절을 더듬어 본다. 여름 내내 덥다고 자지러지게 울어대던 매미 소리가 며칠 전부터 들리지 않는다. 아무리 귀를 기울여 봐도 매미 소리는 들리지 않는다. 나는 매미 우는 소리가 참 듣기 좋다. 어릴 때의 추억 때문일까? 현재 내가 살고 있는 도시가 아닌 내 고향 초가집 대청마루에서 돗자리 깔아놓고 그 위에 누워서 어렴풋이 잠이 들려고 할 때 고실고실한 삼베 홑이불을 끌어당기며 듣던 매미의 노래 소리가 내 낮

잠에 장단을 맞추어 주기도 한다. 그리고 뒷동산에서 대나무 잎 사이로 살금살금 내려오는 솔바람은 한 여름에 대청마루에서만 느낄 수 있는, 우리들의 세대에서만이 느낄 수 있는 서정이라 할 수 있다. 소중했던 그 시절이 몽글 몽글 내 가슴을 두드려 내 마음을 글로 옮겨 본 것이다.

무서운 폭염이 지나간 자리에 고샅길로 살금살금 가을이 걸어오고 하늘엔 뭉게뭉게 가을 구름이 피어나고 들녘에는 메뚜기도 익어가니 나락도 총 천연색으로 익어 보기만 해도 풍년인 듯 배가 부르다. 길가에는 코스모스가 나풀나풀하며 오가는 길손들에게 손짓하며 인사한다. 반가운 가을이 손을 마주 잡고 불어오는 바람에 행진을 하다 배시시 웃어본다. 나 어릴 적 한여름 밤 생각이 아련하게 떠오른다. 무더운 한여름 밤이면 마당 한 가운데에 대나무로 만든 평상을 내어

놓고 온 식구가 둘러앉아서 하늘에 별을 세어본다. 그러다 마당 한쪽에 모깃불을 피워놓고 부채질 하며 도란도란 이야기 하며 지냈던 생각도 난다. 칠월 백중이 되면 방앗잎 널고 부침개도 만들어 먹었던 그 시절이 그리워진다. 매년 팔월 십오

일이 되면 생각나는 게 또 있다. 일제에게서 해방되던 날 밤에 우리 작은아버지가 은하수 노래를 아름다운 목소리로 부르시는데 나는 그날 처음으로 우리 노래를 들어 본 것이다. 참으로 아름다운 노래였다. 지금도 귓가에 들려오는듯하다.

그 여름

매미가 울면

긴 꿈에서 깨어나 창가를 더듬는다.

창가 너머 들려올

매미 소리, 바람 소리, 노래 소리

오지 못할 여름이

너무나 선명히 창가에 그려진다.

매미 울음 끝이

서럽다.

최연아

또 한 분의 어머니, 시어머니

나에게는 그리운 어머니가 두 분이시다. 나를 낳아주신 어머니는 내가 어릴 적에 돌아가셨기에 추억이 많지 않아서 항상 아쉬움과 그리움만이 내 마음 깊숙이 자리하고 있다. 이 글을 쓰고 있는 순간도 내 눈에 이슬이 맺히다 또르르 밀려서 손등으로 떨어진다.

또 한 분의 어머니는 이러한 분이시다. 내가 어린 나이에 시집이라는 걸 알지도 못한 나이에 시집에 와서 아무것도 할 줄 몰랐다. 그런 철없는 며느리를 따뜻하게 사랑으로 감싸주셔서 어린 마음에 시어머니 어려운 줄도 모르고 많이 따르게 되었다. 워낙 큰 살림이라 밤에도 꿰맬 양말이 한 바구니씩 밀려있었다. 어머니 방에서 일을 하다 어머님 곁에서 한이불 덮고 잘 때가 많았다. 항상 잠이 들락말락 할 때 나를 꼬옥 껴안아 주시며 왜 이리 손발이 차냐고 하시며 내 발을 어머니 다리 사이에 끼워 따뜻하게 해주신다. "이 어린 것이 어미 없이 일찍 시집와 고생이다"라고 하실 땐 나는 그만 서러워서 어머니 가슴에 얼굴을 파묻고 한없이 흐느껴 울었다. 그때 생각에 지금도 가슴이 미어진다. 이렇게 따뜻하게 대해주시던 그 모습이 지금 이 순간에도 이 며느리 마음에 생생하게 자리하고 있는 것이다. 어린 내가 얼마나 잘할까만 항상 칭찬을 아끼지 않는 어머니다. 그럴 때면 나는 칭찬에 힘입어 더욱 열심히 어머님을 도우며 살았다. 어렸을 때나 지금 이 순간까지도 항상 있는 그대로 꾸밈이라는 단어조차 모르고 살고 있다.

그러던 어느 날 어머니께서 덩그러니 그 큰 집에 나 혼자 달랑 남겨두고 외출을 나가신다. 대문단속 잘하라고 부탁도 하시며 나가셨다. 당시는 시집온 지 한 달도 안 되던 때였다. 처음으로 혼자 있게 되어 집안을 서성이다 구석구석 깨끗하게 청소하고, 어린 마음에 어머님께 칭찬을 들어야 하겠다는 생각이 들어 할 일을 찾았는데 때마침 어머니 장롱이 눈에 들어왔다. 장롱 안을 정리하다 보니 순간 마음이 뭉클했다. 농안에는 어머니 입을 만한 옷이 없어 마음이 아팠다. 어린 마음에 내 방으로 건너가 내 옷을 모두 꺼내놓고 어머니가 입을만한 옷들을 모조리 옮겨 차곡차곡 정리해 드리고 나니 어찌나 마음이 뿌듯하던지 장롱문을 닫지 못하고 한동안 바라보고 있었다. 그 시간에 어머니가 돌아오셨다. 방으로 들어오시는 순간 깜짝 놀라며 "이게 웬일이냐?"라고 물으신다. 자초지종을 말씀드렸더니 어찌 어린 것이 이런 기특한 생각을 했냐고 하시며 나를 꼬옥 껴안아 주셨다. 그때 우리 집 세 들어 사시던 아주머니들을 방으로 불러들여 장롱문을 열어 보이며 자랑을 하신다. 나는 몇배로 칭찬을 받은 셈이다.

나는 중매쟁이도 없이 시집을 왔다. 양가 아버님 두 분이 친하게 지내셨는데 어느 날 두 분이 기차 안에서 우연히 만나셨단다. 당시 친정아버님은 서울에 다녀오신 길이었고 시아버님은 전주에서 오시는 길이었는데, 참 반갑게 만나신 두 분이 인사를 나누시며 "어디 가시는 길이냐"라고 물으시니 시아버님께서 하신 말씀이 "자식놈 혼사 때문에 고향에 내려가는 중이네"라고 하시니까 친정아버지가 "나도 당혼된 여식이 있네만"이라고 하시더란다. 어떻게 부모가 열여섯 살밖에 안 되는 딸을 당혼이라 할 수 있었는지 모르겠다. 이런 일이 있은 후 그 다음 음력 정월 초이렛날 저녁밥을 하고 있는데 어떤 노파가 구부정한 모습으로 우리 집에 들어선다. 어른들이 수군수군 하는 말을 가만히 엿들어보니 선을 보러온 것이 분명하다. 이렇게 해서 내가 이 집 며느리가 된 것이다. 그러니 운명이라고 할 수밖에 달리 무슨 말이 필요하랴.

시댁 형제가 사남매인데 막내는 고명딸 시누이다. 그때 나이가 일곱 살이었다. 수줍어하면서도 고추잠자리마냥 언제나 내 주위를 맴돌며 따랐다. 예쁜 짓도 많이 하며 옷도 예쁘게 입고 새언니를 부르는 게 낙이었나보다. 그때가 윤칠월 그믐날이었는데 여름이었기에 갑사로 만들어진 색동저고리에 분홍치마를 예쁘게 입고 나비처럼 날아다니다 내가 방에 들어가면 수줍게 웃으며 나에게로 안기고는 했다. 수십 년이 지난 일인데도 마치 어제 일처럼 스쳐간다. 그런데 가을이 되어 제법 쌀쌀한데도 어린 시누이가 가을 옷으로 바꿔 입지 않고 그 옷을 계속 입고 있어서 속으로 걱정이 되었다. 망설이다 어머님께 이렇게 말씀을 드렸다. 사실 무척이나 조심스러웠다. 하지만 용기를 내서 "아가씨 옷이 춥겠어요"라고 했더니 어머님은 아무런 대답이 없으셨다. 순간 여러 가지 생각이 스쳤다. 그 옷이 좋아서 안 벗는가? 아니면 갈아입을 옷이 없어서인가? 그러고도 며칠이 흘렀다. 그러다가 어머니 장롱 안이 비어있던 것이 생각났다. 그래서 또 내 농 안에 있는 치마 몇 개를 꺼내놓고 일곱 폭 치마를 두 폭씩 떼어내서 갈아입을 수 있게 두 벌을 만들어 입게 해주었다. 나도 시집올 때 옷이 많지는 않았지만 그래도 내 마음을 나누어주고 싶어서였다. 내가 만들어

준 옷을 입고 좋아 폴짝폴짝 뛰는 모습을 보며 보람을 몇 배로 느꼈다.

그리고 그 해 십일월에 전주 서학동으로 이사를 하고 그 다음해 설에 고향인 순창군 동계면 신흥리로 인사를 가게 되었다. 그런데 기차로 오수까지 가서 거기서 삼십 리 길을 걸어가야했다. 그런데 문제는 한복입고 꽉 쪼이는 고무신을 신었다는 것이다. 그 때문에 발가락에 물집이 생겨 고생했던 게 생각이 난다. 참으로 힘들었던 시절이다. 전주에서 온 새댁이라고 한 집도 빠짐없이 밥을 대접 받았던 기억도 난다. 약 보름간을 작은 집에서 자고 하루에 점심과 저녁을 이집저집 다니며 먹은 기억도 난다. 그때는 있고 없고를 막론하고 인정을 베풀며 사는 시대였다. 이런 아름다운 조각들과 추억을 담으려 고향으로 달려간 것이다. 이런 아름다운 기억들이 세월이 쌓여감에 따라 마음 깊이 파고 들어온다. 정성이 담뿍 담긴 밥을 대접 받고 보름 만에 전주에 왔다.

나의 결혼식이 끝나고 친가친척끼리 순창 집 앞에서 찍은 기념사진

어머니

어릴 적에 돌아가신 어머니
어머니 생각만 해도 가슴이 울컥
남은 건 아쉬움과 그리움뿐이다
그런 나에게 또 다른 어머니가 생겼다
시어머니이다

어린 나이에 결혼한 나를 자상하게 챙겨주신
또 한 분의 어머니, 시어머니
시어머니께 칭찬 받으려고 온갖 일을 해본다

이제 나의 마음 속엔 두 분의 어머니가 계신다

김은영

내가 겪은 전쟁과 궁핍

다음 해 봄, 남편은 대학생이 되어 서울로 올라갔고 그 무렵 나는 아기를 가졌다. 그런데 무서운 전쟁을 겪어야 했다!

폭격은 날이 갈수록 심해져 미군과 인민군이 양쪽에서 포를 쏘아댈 때는 정신을 차릴 수가 없어 귀를 막고 이불 속으로 들어가기도 하고, 밤에 불도 켜지 못하고 칠흑같은 어둠 속에서 저녁도 굶은 상태에서 아침을 맞을 때도 있었다. 한번은 동사무소에서 피란을 가야한다고 왔다. 그때 밖은 여간 소란한 것이 아니었다. 인민군은 얼굴로는 구분이 안 되니까 낯선 사람을 만나게 되면 무섭기 짝이 없었다. 우리 식구들 모두가 피란길을 재촉하여 아침 일찍 떠났다. 걸어서 걸어서 가다가 우전면 어떤 시골에 있는 원두막 한 채를 만났다. 우리 가족은 운이 좋았다. 다른 집들은 그냥 논두렁에서 밤이슬 맞으며 밤을 새워야만 했다. 그래도 나는 바닥이 통나무로 되어있기 때문에 허리가 몹시 불편했다. 잠을 잘 수가 없어 이리저리 뒤척이다 아침을 맞이하곤 했다. 그 원두막에서 한 일주일 있다 집에 온 후에도 폭격은 여전했고 어두운 밤을 보내며 안절부절 못하고 집에 와서도 계속 방공호 안에서 생활해야 했었다. 식구들 원두막 생활하는 사이에 아버님은 집에 오셔서 돼지밥도 주고 틈틈이 방공호를 만들어 놓으신 것이다. 참으로 안전한 방공호로 말이다. 시누이가 윙 소리만 나도 방공호로 꼭 공이 굴러가듯

들어가곤 했던 생각도 난다. 행여 집이 폭격에 맞을까봐 며느리인 내 짐은 전부 방공호 안에다 갖다 놓아 두셨던 터다. 끼니때가 되어 잠깐 밖에 나오면 따발총인지 뭔지가 콩 튀듯이 따다다하는 소리 때문에 손으로 귀를 막고 도로 방공호로 들어가야했다. 밥도 제때에 먹기 힘들었다. 잠시만 총소리가 조용해지면 부모님들은 서울 간 아들에 걱정이 태산이셨다. 하루빨리 이놈에 전쟁이 끝나기만을 기다리는 길 밖에 없지를 않은가? 그러다 저러다 시간을 얼마나 흘렀을까 며칠 동안 조용해진 듯해서 나는 냇가로 그동안 밀린 빨랫감을 한통 이고 가서 빨래를 하고 있었다. 얼마나 시간이 흐른 후 동네 아이 하나가 내 옆으로 바짝다가와 앉으며 이렇게 말하는 것이었다. "경애 오빠가 서울에서 왔대요"라고……. 경애는 내 시누이 이름이다. 그래서 그 아이가 내 손을 꽉 잡고 계단을 올라와 집에 도착해 대문을 열고 들어서니 남편이 보였다. 그런데 그 모습은 차마 사람 몰골이라고 말하기가 어려웠다. 그래도 어찌됐든 살아서 가족 품으로 돌아온 게 얼마나 다행인지 몰랐다. 원래 겁이 많은 편이지만 얼마나 고생하고 놀랐으면 집에 와서 가족을 만났는데도 얼굴에 표정이 없었다. 안정 될 때까지 가족들은 그냥 바라보고 기다렸다. 얼마나 지났을까 싶으니 드디어 말문이 열렸다. 열엿세 동안 걸어서 전주에 도착했단다.

서울 내 언니 집 상도동에서 하숙하며 지내다 전쟁이 시작된 며칠 후 동네 앞에서 나는 폭격 소리에 놀라 그 길로 처형 집에다 말 한마디 없이 그렇게 무모하게 떠나 와버렸으니 우리 언니 집에서는 내 어린 동생 이십도 안 돼서 과부 되었다고 아버지를 그렇게 원망했다고 한다. 가족의 모습을 떠올리며 남으로 남으로 걸어서 전주를 향해 목숨을 걸고 터덜터덜 걸어 왔을 것이다. 지친 몸에 배고픔을 달래가며 남의 짐도 들어다주며 한 끼씩 얻어먹으며 트럭을 만나면 사정사정해서 차가 가는 데까지 타고 오기도 했단다. 밤낮 십육일을 걸어오다보니 신발도 바닥 따로 덮개 따로 분리된 것을 허리춤에 차고 왔더라.

육이오 때는 이루 다 말할 수 없을 만큼 고생했다. 그리고 매년 가뭄이 계속 되니까 농사를 매년 지어 수확을 한다고 해도 여러 가지 잡곡을 심을 수밖에 방법이 없었다. 보리나 밀, 메밀, 기장, 조 이런 잡곡은 비가 오지 않아도 수확량이 그래도 나은 편이었던지 이런 잡곡들을 심어 먹었다. 끼니때마다 만들기도 힘들고 먹기도 부드럽지 않고 그래도 아침 한 끼만은 보리밥이라도 하는데 바닥에 무를 썰어 깔기도 하고 무 잎을 소금으로 간해 싱건지 같이 담갔다. 그 무 잎을 잘게 썰고 그걸 바닥에 깔아 밥을 해 먹었다. 메밀은 가루를 만들어 수제비로 만들어 먹고 기장과 조는 물 한 솥에 붓고 조 한 바가지를 붓고 뭉근하게 끓여먹으면 얼마든지 여러 사람이 먹을 수 있었다. 풍족한 시대를 사는 요즘 젊은 세대들은 도무지 이해 못할 식생활이었다. 이런 일이 내 젊은 시대를 너무 혹사 시킨 생활이었다. 믿거나 말거나가 아니다. 실제 상황이다. 내 체험담이다. 그때부터 내 고달픈 생활은 시작되었고 가을에 심은 보리는 부드러운 반면에 수확량이 적었기 때문에 봄보리를 매년 심어 먹었다. 봄보리는 수확량은 많지만 단단하기 때문에 확독에다 오래오래 갈아 밥을 해도 미끄럽고 그리 부드럽지 않기 때문에 한 숟가락 입에 넣고 씹으면 입안에서 씹을 때마다 스케이트를 탄다. 그리고 밀은 확독에다 껍질째 갈아 끈기가 날 때까지 갈아(지금 고운 밀가루처럼) 수제비를 얇게 빚어 끓여 점심에 먹었다. 이런 생활을 몇년을 하고 살았는지 헤아리기도 어렵다.

이런 궁핍한 생활에도 봄 신학기만 되면 하숙비 명목으로 쌀도 아닌 잡곡 두 말씩 짊어지고 몇 명씩 우리 집 대문으로 들어선다. 학생 한 명에 부모님 두 분이 따라와서 며칠씩 쉬어가곤 하였다. 나는 여간 복잡하지 않았다. 식구가 늘어나니 손에 물 마를 시간이 어디 있겠는가? 하루 종일 서서 살아야 하고 자그만 몸뚱아리가 종종대며 아침부터 저녁까지 어머니 따라한다고는 하지만 어머님은 나름대로 불만이 많았으리라. 지금 생각해도 항상 죄송스런 맘이 앞선다. 이런 어려움 속에서도 아버님은 큰 아들을 서울로 대학을 보내시며 반대 한번 안 하셨다. 참으로 훌륭한 분이시다. 등록금 때가 되면 좀 힘들어 하시는 모습을 뵐 수가 있다. 언제인가 등록금 문제로 걱정을 하고 계셨는데 때마침 내 친정아버지가 오셨기에 내가 술상을 준비해 가지고 방으로 들어설 때 아버님 말씀이 "어이 미안하지만 사형……, 자식놈 등록금을 마련해 주실 수 없겠는가?"라고 하시며 어렵게 말씀을 꺼내셨는데 그 때 손가락에 끼워진 담뱃불이 발발 흔들렸다. 그 모습을 보는 순간 내 눈시울이 더워졌다. 그때 우리 친정은 생활이 여유가 있는 편이었다. 친정아버님이 "그래 그러면 며칠만 기다리시게"라고 하시더니 약속한 날에 돈을 가지고 오셨다. 그 후 가을에 그 돈을 갚아드렸다. 이런 일이 몇 번 있었는데 사위도 자식이니 웬만하면 갚지 않아도 되련만 매번 돌려드렸다. 시아버님은 정말 고지식하고 정직하신 분이시다. 그렇게 힘들게 생활하시면서도 대성동에 있는 논을 알뜰하게 지키시며 후손들에게 물려주셨다. 그 논두렁엘 가서 힘들게 살아오신 아버님 모습을 떠올릴 때면 이 마음 한 켠이 아려온다.

이 못나고 부족한 며느리가 나이 들어가면서 철이 좀 들어가서인가? 이런저런 생각에 잠겨보곤 한다.

아버님께서 고생고생 하시며 금쪽같은 우물을 깊이깊이 만들어 주셨기에 그 새암에서 한 달에 한 번 매달 이십오일에 수정 같은 맑은 물을 길어다 우리 부부는 노후를 이토록 행복하게 보내고 있는 것이다. 내 인생의 소풍이 끝나는 순간까지는 잊을 수는 없을 것이다.

富貴圖

소풍

꼭 잡은 두 손 비추는
맑은 물 청량한 생명수 안은
우물
깊고 긴 아버님 마음

우리 두 손 꼭 잡은 채 걸어온
그 세월
우물 속에 담겨 있다
물 아래 흐른다

푸른 하늘 아래
드디어 오늘은 소풍 가는 날
어제는 흐렸다
거대한 천둥소리 미치도록 울렸다

곁에 앉은 네가 무섭고

같이 걷는 네가 두렵다

끝없이 걸어간 곳은 당신이 없는 가족들 품

배 속 아가는 당신이 그립다

당신이 함께 된 기적적인 순간

축하상은 무밥과 무 잎 한 장

미안해서 수제비와 보리밥

단란한 한 가정 우리는 방공호 안

폭우는 그쳤고 해는 밝다

드디어 오늘은 소풍 가는 날

잔잔한 우물 안 비치는

위대하고 감사한 아버님 모습

박지은

꿈에서 먼저 만난 신랑

결혼 전에 내가 꿈꾼 이야기를 잠깐 해보자.

결혼 일주일 전에 이런 꿈을 꾸었다. 사랑에 손님이 오셨다고 해서 내가 손님 밥상을 들고 사랑채로 가고 있었다. 그런데 도중에 소 외양간을 지나가야 했다. 내가 외양간 앞에 다다르니 어떤 남학생이 그 앞에 기다리고 서있다가 내가 들고 간 밥상을 반갑게 받았고 나는 무심결에 밥상을 건네주며 꿈에서 깼다. 그리고 일주일 후에 결혼식을 올린 일시가 음력 사월 십오일 열한시였다. 시간 때문이기도 했지만 그때는 전주와 순창을 오가는 차가 하루에 한 번밖에 없었기 때문에 손님이 전날 오게 되었다. 전주에서 온 손님들이 사랑채로 들어가는 문이 따로 있는데 모두 신랑을 본다고 어른 아이 할 것 없이 다 나가고 나 혼자 방에서 우두커니 서있다가 궁금증이 나서 문에 붙어있는 유리에 대고 밖을 내다보았다. 딱 보는 순간 이게 웬일인가? 꿈에서 내가 들고 나간 밥상을 받던 그 학생이 아닌가? 정말이지 깜짝 놀라지 않을 수가 없었다. 교복 색깔이며 모자를 빼도롬이 쓴 것하며 교복에 금빛단추까지 똑같아서 참으로 신기했다. 두근거리는 마음을 진정시키는데 시간이 한참 걸렸다. 그래도 부끄러워서 아무에게도 꿈 이야기를 못하고 있다가 신랑 가고 난 후에 어머니에게만 살짝 꿈 이야기를 했는데 어머니도 "아이구야, 신기하다. 천생연분인가부다" 라며 나를 다독여 주셨다.

꿈

꿈에서 본 남학생이
지금 내 눈 앞에 있다.

놀란 가슴 진정시키며
눈을 비비고 다시 보니
꿈에서 본 남학생이 서있네

그날 밤 꿈에 내가 건네준 밥상이
우리의 인연을 맺어 주었나보다
가슴 속 꼭꼭 숨겨놨던 이 꿈 이야기

꿈같은 현실
그럼 난 안 깰란다.

김서연

많이 아팠던 일

나는 그해 음력 시월 이십칠일에 첫아들을 낳았다. 그때는 시조모님이 생존해 계셨는데 증손주를 보시고 어찌나 기뻐하시던지 지금도 그 광경이 눈에 선하다. 그런데 내 친정 삼촌이 학도병으로 군에 갔다 전쟁이 나서 목숨을 걸고 백두산까지 밀고 갔다가 전쟁 끝나고 구사일생으로 살아 돌아온 날이 하필이면 내가 애기 낳은 날인지 다음날인지 그랬다. 그래서인지는 몰라도 내 젖이 나오려다 그날 밤부터 딱 멈추어 버리고 말았다. 그때는 그런 말이 있었다. 궂은 데 갔다온 사람이 들어오면 여러 가지로 안 좋은 일이 일어난다는 것이었다. 그래서 그 시절에는 대문에 금줄을 걸고 외부인의 출입을 금했던 것이다. 하는 수 없이 그 동네에서 비손 잘하시는 할머니를 모셔다 빌고 좋다는 것을 이것저것 해봐도 아무런 도움이 되지 못했다. 할 수 없이 그 해 봄에 아기를 낳은 뒤 생활이 곤란한 병일이 모자를 우리 집에 와서 동거하며 젖도 나누어 먹이며 지내게 되니 한결 수월했다. 그래도 어렸지만 모성 본능은 누구에게나 있게 마련인가? 젖만 보면 달려가는 모습을 대할 때면 내 마음이 쓰렸다. 엄마 품에 안겨서 젖 한번 먹여보지 못하고 길러온 자식 앞에 항상 죄인으로 살고 있다. 지금도 말이다.

애기 백일 무렵에 할머님이 밤사이에 돌아가셨다. 내 몸은 산후 회복도 덜 된 상태여서 무척 힘들었다. 어머님은 상주이기 때문에 나 혼자 그 많은 손님을 접대했다. 그렇게 출상이 끝났는데 그만 몸에 무리가 되었던지 몸에 중심 잡기가 힘들었고 그때부터 밥맛을 잃었다. 그런 몸이지만 쉴 새 없는 일 하면서 그럭저럭 그렇게 지내다가 삼사년 후에 둘째를 가졌다. 몸은 점점 야위어 가는데 약 팔 개월쯤부터 이점이라는 증상이 나를 무척이나 괴롭혔다. 나중에는 설사에서 곱똥으로 변하고 완치도 안 된 상태인데도 아기는 순산했고 내 병세는 아무런 차도가 없었다. 그래서 예수병원에 가보았다. 가서 진찰하고 보니 결과는 폐병이라고 했다. 나는 그 말을 듣는 순간 내가 잘못 들었겠지 하고 하면서도 내 머리를 둔기로 한 대 얻어맞은 듯이 정신을 잃었다. 아기 낳고 며칠 되지도 않은 약한 마음에 얼마나 울었는지 모른다. 그때 원장이 미국인이었기 때문에 통역하는 여의사가 나를 부축해서 원장님 앞으로 안내를 하며 안쓰러운 듯 다독이며 위로를 해주었다. 원장님 말씀이 일주일 후에 사진 결과를 봐야 확실하게 병명이 나온다고 한다. 그날 나는 어떻게 집으로 걸어왔는지 기억도 없다.

집에 와서 폐병이라고 말하니 일분일초도 생각할 필요 없다며 절로 가란다. 이런 병자하고 한 집에 살 수 없다며 몰아붙인다. 어떻게 아픈 내 가슴에 비수를 찔러대는 말을 할 수가 있는지 지금 이 글을 쓰고 있는 순간에도 이해를 못 하겠다. 사진결과에서도 폐병으로 나왔다면 모를까 일주일을 참지 못하고 내 마음을 아프게 한 사람을 나는 지금까지도 정성을 다해 삼시세끼 받들어 모시고 살고 있다. 이게 바로 그 시대에만 겪고 사는 여자들의 일생이 아니었나 싶다. 그런 모진 말을 듣고 내 방에 들어서는 순간 엄마 없는 서러움에 얼마나 몸부림치며 울었는지 모른다. 그렇게 서럽게 울고 있을 때 어머님이 내 앞으로 다가와 앉으시며 하신 말씀이 '애기는 내가 키울 테니 내일이라도 절에로 가라'고 하신다. 나는 사진 결과에 따르려고 일주일동안 눈물에 밥을 말아 먹으며 버티어 냈다. 그렇게 더딘 시간이 흘러 일주일이 되어 사진결과를 보러 터벅터벅 길을 나섰다. 이윽고 병원 문을 열고 들어섰다. 가슴이 두근거렸다. 한쪽 의자에 두근거리는 마음을 안고 앉아있을 때 내 이름을 부르는 소리가 들려온다. 깜짝 놀라 "예"라고 대답하고 가만가만 걸어 들어갔다. 결과는 이러했다. 폐병은 아니고 피가 많이 부족하단다. 그래도 그 순간에 일주일 동안의 슬픔은 사라졌다. 수혈을 해야 한다기에 비용을 물어 봤더니 사만오천원이란다. 알았다고 하며 집에 가서 가족들과 상의해서 다시 오겠다고 하고 병원문을 나와 집으로 걸어오며 곰곰이 생각해보니 수혈은 감히 생각도 못할 액수였다. 그때 남편이 대학 졸업하고 취직한 지 두 달밖에 안 되고 한 달 월급이 만오천 원이었다. 물 한 모금 넘기기 힘든 사람이 예수병원 오가는데 가족 중 누구 한사람 도움을 주지 않았다. 아픈 몸으로 걷다 지치면 땅바닥에 주저앉아 숨을 잠깐 돌리며 벽에다 뼈만 앙상한 몸을 기대고 또 한숨 쉬고 그렇게 병원을 다녔다. 그때는 예수병원 가는 길이 어찌나 가파른지 한 걸음 걷기가 무척 힘들었다. 그래도 별 차도가 없기에 서학동에 있는 혜성병원으로 가서 반나절 걸려 링거 한 병 맞고 집에 와서 물을 마시는데 거부감 없이 넘겼다. 이번에는 전주에서 유명하다는, 다가동에 있는 회산병원을 갔다. 진찰을 해도 이렇다 할 병명을 찾지 못하니 참 답답했었다. 병명이 없으니 다행이다 싶기도 하고 답답하기도 하고 그랬다. 이번에는 한약방을 찾아갔다. 진맥을 하더니 단 한마디로 화병이라고 한다. 이에 내가 "그러면 어떻게 해야 할까요?"라고 물으니 삼 개월 정도 약을 먹으란다. 그래서 그리하겠다고 하고 그날부터 먹기로 했다. 한 번에 약 두 첩씩 지어주며 중간중간 결과에 따라 먹어야 하기 때문이라고 한다. 그런 식으로 몇 번을 오가며 먹으니 조금씩 몸에 힘이 느껴졌다. 그때는 한약을 집에서 약탕기를 사용해서 숫불에 달여 먹었는데 여간 번거로운 일이 아니었다. 그래도 삼 개월 이상 달여 먹으면서 한 번도 약을 태운 일이 없었다. 지금 생각해도 참 대단한 일이다.

약을 그렇게 열심히 먹는 도중에 어느 날 부엌에서 일하고 있을 때 방에서 들려오는 아버님의 말씀이 있었다. 젊은 것이 무슨 약을 그리 오래 먹고 있냐는 말씀이었다. 그 말을 듣는 순간 내 맘은 좀 언짢았지만 그렇다고 중단 할 수는 없는 일이어서 그냥 그렇게 한참 일손을 멈추고 서있었다. 그러면서 '그러실 수도 있겠지'하고 맘을 편하게 돌렸다. 약 먹는 동안이라도 마음을 편히 하고 먹어야 한다는 의원 부탁도 있었고, 무엇보다도 그 분을 존경하기 때문이었다. 그런 부실한 몸으로 날마다 산더미처럼 쌓인 일을 해나가는 참으로 힘든 세월을 보냈다. 하지만 우리 부모님은 두 분 다 건강하시기 때문에 비실거리며 사는 며느리가 도무지 이해가 안 되셨을 것이다. 지금 와 생각하니 그렇다.

혼자

가슴 아픈 현실 앞에서 혼자
아픈 내 가슴에비수를 찔리고 혼자
내 방에 들어와 가슴 속으로 울어본다

철없는 며느리 따뜻한 사랑으로 감싸주시던
그토록 다정했던 어머니
아프다는 내 소식에 매정하게 돌아서는 모습에
내 방이 무너져 내린다.

아, 내 편은 어디있는가

내 마음속 단단한 금줄을 걸고
마음 속 방을 지어 나를 가두고
애써 괜찮다고 되뇌인다

산더미처럼 쌓인 세월 앞에서 혼자

부실한 몸이지만 강인하게 혼자

언젠가 맞이할 행복을 그리며 웃어본다

김나들

많은 사람들 밥 해대던 이야기

그렇게 바쁘게 살면서도 내 마음에다 이렇게 위로해주며 살아왔다. 나에게 주어진 일은 서두르지 말고 순서대로 차근차근 하다보면 그 날의 태양이 노을이 되어 뒷모습을 보이며 저녁연기와 함께 서산마루에 걸터앉아 발그레 미소 지으며 서산을 꼴딱 넘어가면 밤이 온다. 이렇게 밤이 되면 또 밤일이 내 손을 빌리러 온다. 동지섣달 깊은 밤에 다른 식구들은 모두가 잠들고 고요한데 나 혼자 일에 몰두하던 모습을 떠올려본다. 지금은 내 나이가 팔십을 훌쩍 넘고 보니 이런 생각도 해본다. 오늘밤 내가 잠든 후에 내일 아침에 깨어나지 못해도 여한이 없도록 어제도 오늘도 최선을 다하며 살고 있다고 말이다. 이 책은 내 영혼이 담긴 책이라고 할 수 있다. 이런저런 아픔과 험난한 시간을 엉금엉금 걸어와 이 풍진 세상을 견디고 지금을 살고 있는 내 모습을 보니 맛있는 음식으로 눈과 입이 호강을 하며 살고 있다는 생각이 든다. 내가 이토록 사치스러운 생활을 할 때마다 부모님에 대해 송구스러운 마음이 일어나곤 한다. 나는 빈약한 몸이지만 최선을 다하여 어머니를 도와드리며 일이 많이 밀려 정신이 없을 때는 일에 순서를 정했다. 그러면 우왕좌왕 안 하고 수월하게 차근차근 처리 할 수 있다. 이게 내가 살아온 지혜라 할 수 있다. 아무리 순서를 정해놓고 한다 해도 마음이 복잡할 때가 있다. 그럴 때는 내 마음에 숨겨놓은 아무도 모르는 비밀을 사용한다. 내 마음속에 흐르는 음악에 맞추어 일을 하다보면 일에 능률도 오르고 몸도 덜 피곤하다. 그러다 한번은 속으로만 흥얼거리던 소리가 나도 모르게 밖으로 새어나왔는지 아버님이 갑자기 벼락같은 소리로 "머시라고 씨부렁거리냐"라고 하셨다. 그때는 아버님이 마당에 계신 줄도 몰랐다. 얼떨결에 당한 일이라 깜짝 놀라 방귀까지 등장하였다. 그때 그 일은 지금도 생각하면 피식 웃음이 나온다.

그 시절에 우리 집은 한 달에 쌀 네 가마를 먹었다. 그 밥에 먹어야 할 김치는 포기 수로 셀 수 없었고 무조건 많이 담가야 했다. 큰 항아리 몇 개를 마당에 묻어놓고 거기다 담는다기보다 쟁인다는 표현이 맞을 것 같다. 항아리가 크니 당그래로 김치를 꺼내 먹었다. 시골에서 손님들이 교대로 여느 여관처럼 들락거렸다. 먼저 온 손님 떠나기도 전에 다음 손님이 들어온다. 당당하게 자기

집처럼 시도때도 없이 온다. 그래서 나는 한 끼도 밥 한 공기를 한 번에 먹어본 적이 없다. 밥 먹는 도중에 손님이 왔는데 밥이 여유가 없으면 불을 때서 밥을 해야했다. 하지만 희한하게도 밥이 여유가 있을 때는 손님이 오지 않는 것이다. 어떤 때는 짜증이 나기도 해서 내가 투덜거리기라도 하면 어머니는 나를 달래신다. "보리밥이라도 먹을 것이 없는 집에는 사람들이 그 집 대문도 안 쳐다본단다"라고 하시며 나를 일깨워 주신다. 백번 옳으신 말씀이다. 어린 나로서는 귀찮아 하다가도 어머니가 나를 달래며 해주신 주옥같은 말씀을 떠올리며 참고 살아야 했다.

어머니는 이런 분이셨다. 우리 집에 항상 객식구가 끊이질 않았던 것도 어느 누구는 따뜻하게 대해주신 어머니의 남다른 포근함이 있었기 때문이었을 것이다. 그래도 어린 나로서는 힘들었던

건 사실이다. 그러다가도 가끔은 내가 나를 위로 하며 다독여 보기도 하며 '이러지 말고 열심히 살자! 내가 이집에 꼭 필요한 사람인 것을…….' 하며 내 마음에 각인하며 열심히 살아 여기까지 무사히 도착 했고, 이제 자식들의 크나큰 선물로 노후를 알차고 보람있게 보내고 있다. 마음에 행복만을 한가득 안고 즐기며 살고 있는 것이다.

누구에게나 똑같이 주어진 하루 스물네 시간에 벽돌을 어떻게 쌓느냐에 따라 얼마든지 달라질 수 있지 않을까하는 생각을 하며 정성을 다해 살아온 길이다. 일이 많이 쌓이다보면 뒤돌아 볼 새 없이 앞만 보고 살아야 한다. 참으로 아득한 세월 속에 언제 이렇게 세상이 변했는지 어리둥절하기만 하다. 한줄 한줄 써내려간 글을 보면서 이런 시간을 갖다니. 꿈에도 생각하지 못했던 즐거운 일이다.

시아버지 회갑 기념으로 찍은 시부모님. 동서학동 집 마당에서 찍은 기념사진이다.

내게 주어진 일

노을이 저문 태양
집집마다 올라오는 저녁연기

나는 오늘도 내게 주어진 일을 한다
오늘도 어김없이 손님이 찾아오고
오늘도 어김없이 나는 불을 때고
오늘도 어김없이 나는 밥을 한다

어머니는 누구든 오면
따뜻하게 대해주신다
우리 집에 손님이 많았던 이유는
어머니의 포근함 때문이 아닐까

누구에게나 주어진 하루

그 하루를 어떻게 사느냐에 따라

삶이 달라질 수 있지 않을까

나는 가끔

나를 위로하며 다독인다

정지혜

남편 직장 때문에 순창에서 산 이야기

남편이 순창 중학교 교감으로 발령이 나서 거기서 약 이년 살았는데 그때 내 나이 삼십대 초반이었다. 학교 관사에서 여러 집이 모여 옹기종기 사는데 참 즐거운 일도 많았지만 교감 아내로서 내가 나이가 제일 적으니 행동에 걸림돌이 되기도 하고 일거수일투족이 조심스런 그런 시기였다. 동네 한가운데에 있는 우물 하나를 가지고 여러 집이 먹게되니 우물가에서는 말잔치가 더러 생기기도 했다. 재미난 에피소드도 많았다. 집집마다 터가 널찍해서 채소도 많이 심어 먹을 수 있고 해서 살아가는데 불편은 별로 느끼지 못했다. 우물가에 확독이 있는데 워낙 여러 집이다보니 어떤 집에서 확독에다 고추를 갈아서 김치를 담근 날은 윗동네, 아랫동네 할 것 없이 밥 한 공기 들고 나와 잔치가 시작된다. 참으로 아름다운 풍경이 아닐 수 없다.

하지만 지금도 그 시절을 생각하면 내 마음에는 씁쓸한 미소가 내려앉은 것 같다. 왜냐면 나는 그때 밥 한 공기 제대로 들고 나가지 못했기 때문이다. 나는 순창생활 이년동안 가난 때문에 배가 고팠다. 교감이라 하더라도 월급 가지고 생활하기가 빠듯했다. 다른 선생님 댁들은 가을에 추수가 끝나면 고향에서 곡식들을 이것저것 푸짐하게 쟁여 놓고 먹는데 우리는 월급만 가지고 전주에 있는 아이들 학비도 보내야했으니 가난하게 살 수 밖에 없었다. 나는 그때 하루 밥 한 끼 먹고 지낼 때가 많았다. 바로 우리 옆집에 농업 선생님이 사셨는데 그 집은 부자였다. 고향에서도 농사가 대농이기 때문에 없는 게 없이 넉넉하게 지냈다. 그 댁에서 가끔 나를 부르면 못 이기는 체하고 가서 내 이 적은 양을 채워오곤 했는데 그 은혜에 보답을 못하고 떠나온 것이 지금도 두고두고 마음이 아프다.

순창농고 교감 관사에서. 남편이 교대 교수로 오기전에 일했던 순창 농고

그때 내가 사는 관사도 터가 넓었다. 호박, 가지, 토마토, 고추, 오이, 배추, 부추, 상추 등 이루 헤아릴 수 없는 채소들을 인분과 우물 속 흐레를 주어 길러 먹었다. 다른 집들은 여유가 있기 때문에 금비를 사다 썼지만 우리는 그럴 수가 없었다. 지금 말하는 오리지널 유기농이라 할 수 있겠다. 그래도 그 채소를 팔아서 내 용돈으로 요긴하게 쓰기도 했다. 그때 그 유기농 덕분에 내가 큰 질병 없이 무병하게 버티고 있는지도 모른다. 배고픈 고생을 했지만 영원히 잊히지 않은 아름답고 향기로운 추억으로 보듬고 다독이며 살리라 다짐한다.

한번은 시골 5일장에 나가서 쌀 두말을 자루에다 쌀을 담고 계산을 하려고 지갑을 찾으니 안 보인다. 아무리 두리번거려 봐도 도무지 지갑이 안 보인다. 주위사람들 말이 소매치기가 가져간

거란다. 한 달간 먹어야 할 양식인데 빈손만 들고 터덜터덜 넋 나간 사람이 되어 집에 돌아와서는 그 허무한 마음 표현할 길이 없었다. 인생살이란 그냥 평탄길만 가다보면 자만이 생길까봐 이런 고비가 온 것이라 생각하며 이 길이 내가 가야 할 길인양 그냥 그렇게 그렇게 살아온 것인지도 모른다.

멍청하리만큼 이년동안 가난을 껴안고 살았는지도 모른다. 아내라는 엄마라는 이름의 무게는 내 몸무게보다 훨씬 무거워 보였다. 그때 순창에서 살고 있는 집에서 내가 자란 내 집까지 거리가 약 십리쯤 되었다. 물론 돈을 아끼기 위해서도 걸었지만 실은 걷는 걸 무척 좋아했다. 가다보면 들길도 있고 산길도 있고 후미진 오솔길도 있지만 무서운 줄도 모르고 겁도 없이 어린 것들을 앞세우고 한발 한발 서두르지 않고 세월아 네월아

한가로운 마음으로 고개고개 넘다보면 공동묘지도 보인다. 바로 그 앞을 지날 때면 머리끝이 쭈뼛 솟아오르고 몸에는 으스스 한기가 일어난다. 아이들은 그런 줄도 모르고 마냥 즐거워한다. 어린것들이 십리길 왕복을 하는데도 짜증없이 잘도 걸어 다닌다. 참 고마운 아이들이다. 그렇게 가다보니 우리 집도, 뒷동산도, 대밭도 내 눈에 들어온다. 동산에 들어서면 잔디가 무성하게 자라있어 푹신한 융단 같은 잔디밭을 지나 사립문을 밀고 들어가면 우리 집에 지붕 처마와 대나무가 우리 일행을 반겨준다.

그 여자

그 여자는
동네 잔치에
밥 한 공기
가져갈 수 없었다

그 여자는
배 곯던 시절의
향기로운 추억을
소중히 간직했다

구슬땀 먹고 자란 푸성귀
옆집의 따스한 손길이
전부
축복이었다

그런 아내였고

그런 엄마였다

그 여자는

나는

김지민

시어머니가 돌아가신 이야기

이년 후에 전주교육대학으로 오게 되었다. 전주로 와서 부모님 모시고 사니까 생활도 보드라워지고 우선 끼니 걱정을 할 일이 없어 편했는데 어머님이 그 후 이삼년 후쯤 가을에 머리도 아프고 코도 찍찍하다고 하시며 몹시 고통스러워 하셨다. 가족들은 대수롭지 않게 생각하고 있었는데 당신이 병원에 가기를 원하셨다. 모시고 가서 진찰하고 약을 드셨는데도 아무런 차도가 없어 다시 병원에 모시고갔다. 이번에는 수술을 해보자고 한다. 당신이 하시고 싶어 하셨다. 막상 수

술을 했는데 생각지도 않은 암이라고 했다. 집에 오신 후에도 계속 출혈이 심해 방법이 없었다. 그렇게 고생 하시는 사이 시간도 많이 흐르고 그 동안 침도 맞고 이비인후과 안과 유명하다는 병원은 다 가봐도 도움이 되지 못하고 고생만 하시다 어느 문병객 한 분이 광주에 있는 유명한 안과에 가보란다. 그래서 모시고 갔는데 오히려 이주동안에 더 악화가 되어 퇴원하시고 그 후 얼마간 집에서 요양하시다 예수병원으로 모시고 갔다.

삼일 만에 이번에는 아주 정신이 혼수상태가 되어 오셨다. 병원 측에서는 마지막 임종이 임박했다고 만반의 준비를 하란다. 그래도 다음날부터 조금씩 생기가 돌았다. 잡수시는 음식을 잘 드시니까 간호하기가 한결 수월했다. 어느 날 점심에 수제비를 원하시어 정성껏 만들어 드렸더니 어찌나 맛있게 드시던지 그날부터 돌아가실 때까지 삼 개월을 하루도 거르지 않고 만들어 드렸다. 그 후로는 뭐든 원하시는 음식은 지체 없이 다해 드렸다. 참 뿌듯하고 보람을 느끼며 하루에 시장엘 세 번도 가고 날마다 두 번은 기본적으로 갔다. 그렇게 고통스러워 하시면서도 통증만 사라지면 내 걱정을 하신다. “아픈 나보다 밥도 못 먹는 애를 고생시키며 부려먹는다”라고 하시며 “미안하다 미안하다”라는 말을 연발하셨다. 그러면 내 몸에 피로가 덜 하게 느껴졌다. 그때 내 체중이 사십킬로였다. 그런 몸으로도 항상 긴장하고 초조한 마음으로 어머니를 간호하기 때문에 뭘 원하시면 그 음식 못 드시고 돌아가실까봐 항상 동동거리며 뛰어다녔던 생각이 난다. 가을이 되니 아버님이 도토리를 한 말 넘게 따오셨다. 그걸 확독에다 갈아서 묵을 만들어 어머니만 잡수게 해드렸다. 가리지 않고 잘 드시니까 그나마 다행이었다. 우리 어머니는 누구에게나 참 잘 대해

주셨다. 그러기에 문병하러 오신 손님들도 많아서 날마다 대문을 열어놓고 지내고 했다. 그 많은 손님들을 점심 대접을 해야 했다. 손님들이 떠나신 후에는 언제나 잊지 않으시고 나한테 "애썼다" 하시며 위로를 해주셨다. 그 시대는 보따리 장사들도 많았는데 우리 집이 그들 숙소였다. 어느덧 김장철이 되어 오후에 배추를 절여놓고 저녁 먹은 후에는 이것저것 준비해두고 파를 다듬고 있을 때 어머니가 나를 부르신다. 그 시간이 밤 열한시였다. 옆으로 가니 내 장롱 안에 있는 보드라운 융바지를 꺼내 당신 밑에다 깔아달라고 하신다. 너무 많이 야윈 엉덩이를 조심스럽게 들고 바지를 깔아드리고 하던 일을 하고 있는데 또 손짓을 한다. 어머니 옆으로 갔다. 내 밑에 좀 보라고 하신다. 가만히 이불을 젖히고 들여다보니 굵은 손가락만한 새까만 변이 나와 있었다. 십 삼개월 동안 병석에 누워 계시면서도 단 한 번도 그런 일이 없었다. 언제나 지팡이에 의지하며 화장실에 직접 가시어 일을 보시곤 했었다. 그러던 어머니가 이번에는 며느리한테 똥심부름을 한번 시키고 싶었단다. 그 말을 들으니 내 마음이 자꾸만 바빠지고 있었다. 당신의 마지막 준비를 하시는 어머니의 모습에 말이다. 그날 밤 나는 눈 한번 붙이지 못하고 새벽을 맞았다. 새벽부터 절여놓은 배추를 씻어놓고 부랴부랴 아침밥을 해서 식구들 챙겨주고 어머니를 들여다 보았더니 어머니 표정이 예전과는 달랐다. 그래서 아버님께 말씀 드렸더니 대수롭지 않게 여기신다. 왜냐하면 그런 고비가 몇 번 있었기 때문이다. 그런데 내가 보기엔 달랐다. 아침식사는 숭늉을 해달라고 하신다. 정성을 다해 고소하게 만들어 들고 갔는데 일어나지를 못하신다. 누운 상태로 두 숟갈 정도 드시고는 고개를 돌리신다. 그러고는 동네 아주머니들을 동원해 오전에 김장을 담갔다. 우리 이웃 아주머니들이 참 고마웠다. 자기 일처럼 그렇게 정성스럽게 나를 도와주신 분들께 이 지면을 통해서라도 다시 한 번 감사하다는 인사를 하고 싶다.

그날이 십이월 십오일 국민 투표날이었다. 식구들이 불안해하며 투표장엘 못가니까 눈치를 채신 어머니는 다녀와도 괜찮으니까 다녀오라고 하신다. 그러고는 그날 오후 한시 십오분에 잠자듯이 눈을 스르르 감고 조용히 우리 가족과 영영 이별하셨다.

십이월 십오일

봄처럼 노란 마음씨 보듬어

만개하였다가

하늘로 돌아가는 날

봄기운 내손에 쥐어주고

가신 어머니

바람에 흩날리는 민들레 홀씨처럼

잔잔하게 부드럽게

노란 마음 피우고

당신 곁으로 가는 날

저포한 민들레처럼

봄기운 퍼트리겠습니다.

강선아

시아버지 농사지으시던 때와 돌아가신 이야기

어머니가 돌아가시고 나서 아버님이 구년을 홀로 힘들게 사셨다. 홀로 계시기 때문에 새어머님을 맞이하기 위해 온갖 노력을 다했지만 요리 따지고 조리 따지고 하시며 결국 아무도 맞이하지 못했다. 평소에도 술을 좋아 하셨지만 혼자 계시게 되니 자식으로서 정성을 다해 마음을 써드렸지만 아무래도 어머님을 대신 할 수는 없었을 것이다. 참으로 안타까운 일이었다. 밤에 주무시다가도 시간시간 술을 드시기 때문에 큰아들이 아버님 주무시는 방 윗목에다 이불을 펴고 한방에서 거의 반년동안 한방 생활을 하며 밤에 술 드시러 일어나시면 가로막고서 못 드시게 하니까 아버님은 노발대발 하시며 아비가 술 먹는 것도 못 먹게 하는 저런 불효자식은 고발을 해야 한다며 불평하셨다. 그러다 돌아가시던 해 그러니까 음력 정월 초 나흣날 오후에 친구분 집에 가신다며 나오시다 뜰방에서 쪼그리고 앉아 머리를 움켜잡고 앉아 계시는 것이었다.

내가 유심히 살펴보니 약간 힘들어 보이셨다. 그래서 방으로 부축해 모셔다 자리를 펴고 눕혀 드렸더니 그제서야 편안해보였다. 그때도 중심을 잡기 힘들 정도로 술이 만취 상태였다. 그러다 저녁 드실 시간이 되어 방에 들어가 아버님 진지 드셔야지요 했더니 너희들 먼저 먹어라 하신다. 여간해서는 끼니를 거르시는 분이 아니었는데 그날은 달랐다. 그 후 시간 시간 들여다보면 푸푸하고 주무시기 때문에 그냥 나오고 하다 열한시쯤 문을 열어보니 연기같은 수증기가 방안에 꽉 차 앞을 분간할 수가 없었다. 그때는 불러봐도 흔들어봐도 아무런 반응이 없으셨다. 참으로 허망하고 기가 막혔다. 그렇게 우왕좌왕하다가 통행금지 시간이 되었다. 방법이 없었다. 그러다 새벽 네시가 돼서야 그 동네에 있는 해성병원에 가서 자초지종 이야기를 하니 차라리 움직이지 않는 게 좋을 거라며 그대로 지켜보란다. 그래도 시간이 되어 예수병원에 옮겨 입원을 하니 곧바로 목을 절제하고 호스를 꽂는다. 안타깝기가 참 말로는 형용 할 수 없었다.

그때 아버님 연세가 일흔 하나 아직도 창창한 연세셨다. 완전 혼수상태인데다 코에다 호스를 끼워 호스에 의지해 음식물을 주입해 드리는 것을 보니 참 안타깝기 그지없었다. 가족들과 대화 한 마디 나누지 못하고 이렇게 되니 허무하기 짝이 없었다. 그렇게 아흐레를 병원에 계시는 동안 그래도 간간이 정신이 빤짝하고 돌아오면 나에게 오른손으로 손짓을 하신다. 그러면 내가 아버님 입에다 내 귀를 가까이대고 들어봐도 알아들을 수가 없었다. 입안에 이물질이 꽉 차있기 때문에 알아듣질 못했다. 그런 일이 반복되었다.

집에 와서 곰곰이 생각을 거듭하게 되고 나중에는 아버님이 또 나에게 손가락을 꼼지락거리며 입술을 약간 움직이신다. 그래서 반짝 떠오른게 있어서 "그 아주머니가 보시고 싶으세요?"라고 여쭤봤더니 알아들으시고 눈을 깜박이신 것이다. 그래서 남편한테 그 이야기를 했더니 결사반대다. 참 안타깝고 아버님께는 죄송하기 짝이 없는 일이었다. 우리 아버님이 혼자 되신 후로 여러 여자분들을 만나 봤지만 맞이하지를 못하셨다. 나중에 아버님 친구분한테 들은 이야기가 내가 사람을 들이세우면 자식들이 나한테 소홀할까 봐 못 들인다고 하시더란다. 그 말을 듣고 난 후에 "아버님 저는 아버님이 새어머님을 맞아들이면 더 좋겠습니다"라고 하면서 정 한집에 살기가 불편하시면 방 하나 얻어서 따로 사시면서 왔다 갔다 하시며 지내셨으면 좋겠다고 말씀 드리며 "따로 사신다 해도 아버님 시중은 변함없이 해 드리겠습니다"라고 아무리 말씀드려도 한마디 대꾸도 없으시다. 당시에 아버님께서 그토록 보고 싶어 하신 아주머니는 한 집에서 나와 같이 살아도 별 마찰 없이 지낼 수 있는 그런 아주머니셨다.

나는 지금도 그 생각을 하며 아버님께 크나큰 죄를 지은 듯 안타깝다. 아무리 노인이라도 남녀간의 사랑은 똑같을 것이라고 생각한다. 아버님께서 가끔씩 저녁에 그 아주머니를 만나러 자전거를 타고 가시면서 나 자고 올지도 모르니까 대문 단속 잘하라고 당부하신 적이 있었다. (나중에 들으니 그 아주머니도 아버님이 돌아가시고 두 달 후에 갑자기 아파서 돌아가셨다고 한다.)

그렇게 아흐레 계시다 퇴원할 때 병원에서 하는 말이 주사가 끝나면 운명하게 되니 마음의 준비를 하라는 것이 아닌가. 그래서 나는 후회를 남기지 않기 위해 정성을 다해 묽은 미음을 쒀서 호스를 통해 먹여드렸다. 한 시간 간격으로 드린 것이다. 그러다 잠깐씩 정신이 돌아올 때 아버님은 얼마나 답답하셨겠는가? 그땐 호스를 잡아당겨 빼버린다. 그러기 때문에 잠시도 방을 비울 수가 없었다. 낮에는 누구라도 옆에 사람이 있지만 밤에는 내가 지켜드려야했다. 하루에도 몇 번씩 입안을 청소해 드리고, 기저귀도 갈아드려야 한다.

이렇게 부산하게 움직이다 보면 하루가 간다. 한번은 셋째 시동생이 와있고 내 둘째도 휴가차

집에 있었다. 그날 밤에 아들이 작은아버지가 오늘 밤에 할아버지 옆에 계셨으면 좋겠다고 하며 "엄마가 매일밤 잠을 못 자서 걱정이에요"라고 말했다. 그러면서 한사코 나를 부축해가서 좀 자라는 것이다. 그래서 방에 가 누우니 바로 잠이 들었다. 그런데 얼마나 시간이 지났는지 모르겠는데 갑자기 시동생이 기겁을 하며 내 방으로 와서 "아버님이 호스를 두 개 다 빼버렸다"라고 말하는 것이다. 시계를 보니 그때 내가 잠잔 시간이 딱 십오분이었다. 빠진 호스에 묻어있는 이물질을 깨끗하게 닦아 도로 넣어 드리고 그후로 다시는 그 누구한테도 맡기지 않았다. 그렇게 아흡날 밤을 못 자고도 지금까지 이렇게 살고 있다.

돌아가시기 삼일 전에 정신이 잠깐 돌아왔다. 그러다 의식이 급격히 떨어지면서 그 다음날 돌아가셨다. 그 시대에는 누구나 할 것 없이 궁핍한 시대였지만 너무나 고생만 하시다 돌아가시니 자식으로서 도리도 제대로 해드리지 못하고 이렇게 보내드리니 너무나 허무하고 안타까웠다.

아버님이 우전면에서 농사 지으실 때가 생각난다. 그 많은 일꾼들을 데리고 농사를 지으셨는데 논에 물대기도 힘들고 비도 오지 않아 계속 흉년만 겪으며 마음고생 하시던 생각도 난다. 내가 날마다 그 많은 일꾼들 못밥을 삶아 대면서 더워서 쩔쩔매던 기억도 난다. 육십여 년이 지난 까마득한 옛일이다. 그 더운 여름에도 왕겨로 풀무질해서 큰 가마솥에 밥을 할 때면 내 머리 정수리에서 흘러 내려오다 등어리에서 나온 땀이 만나서 움푹 패인 골짜기에서 스케이트를 타고 내려와 신발 바닥에서 멈추며 둠벙이 된다. 그리고 뜨거운 솥뚜껑을 열면 나는 영락없이 훈욕을 하게 된다. 그리고 한숨 돌릴 새도 없이 무겁고 뜨거운 밥을 내 머리에다 이고 십리 길을 달려야했다.

참으로 악착같이 살아온 나다. 밥이 뜨거우니까 머리 위에 수건으로 또아리를 만들어 머리 위에다 올려놓고 그 위에 두꺼운 판자를 깔면 그래도 덜 뜨거웠다. 그렇게 해서 머리에 이고 '걸음아! 나 살려라'고 달음질 치며 달려가야했다. 한시라도 빨리가야 시간도 단축되고 내 머리도 덜 고생하기 때문이다.

이렇게 정신없이 달려가 밥바구리를 내려 놓으면 내 머리가 내 것이 아닌 것처럼 워럭워럭하다. 거의 목적지가 가까워지면 일하는 아주머니가 무거운 밥을 받으러 달려온다. 참 반가웠다. 농사철에는 거의 날마다 이 일을 반복했다. 육십여 년이 지난 일이지만 가슴 한 켠이 먹먹하기도 하고 재미있는 에피소드도 된다.

종친회에서 떠난 경기도 민속촌. 남편, 시아버지, 나

악착같이 살아온 사람

걸음아 몡 나 살려라'고 달음질치네
목적지에 가까워질수록
느껴지는 아주머니의 실루엣

육십년,
까마득한 옛날의 나의 계절
아직도 귓가에
'걸음아 몡 나살려라'고 달음질치는
소리가 들려온다

철없던 나에게 가장 무거웠던
머리 위 뜨거운 가마솥
이제와 생각해보니 가장 무거웠을
아버지
그 많은 일꾼들
그 무거운 책임감

문득 생각나는 밤,

악착같이 살아온 아버지의 계절

이제야 가늠하는

아버지의 삶의 무게에

가슴이 아려온다

임예진

시부모님 합장 후 꾼 꿈

몇십 년 동안 부모님 산소가 따로 있었는데 어느 날 두 분을 합장 해드려야 할 때가 되어 합장할 묘 자리를 알아보았다. 당시는 대개 풍수가들이 이런 일을 했는데 남편 전공이 지리이기 때문에 그래서 직접 묫자리를 봐둔 것이다. 그러기에 절차 없이 우리 편리한 날인 사월 이십육일로 날을 정하고 보니 나도 그런 일에 대해서 그다지 신경쓰는 편은 아니지만 그래도 마음 한구석에는 걱정이 도사리고 있었다. 그래서 우리 아는 분을 통해 그런 일 보는 분한테 이런저런 이야기를 해

드렸더니 그 분 말씀이 “내가 묘지 이장 문제에 대해서 삼십년을 연구했는데 아무런 근거를 찾지 못했다”라고 하면서 걱정 말고 주인 양반 하는 대로 따라가라고 타이른다. 그래도 마음 한구석이 편하지가 않았다. 그런데 묘지 일을 맡아 하는 분이 우리에게 정해 놓은 날짜를 양보하란다. 우리는 날짜를 따지지 않는 걸 알기 때문이다. 반면에 다른 집에서는 그날이 길일이라고 간절하게 원한다고 한다. 그래서 우리는 오월 오일로 날짜를 옮겼다. 그런데 정작 바꿔준 그 사월 이십육일은 아침부터 장대비가 하루 종일 쏟아졌다. 그런데 우리가 하는 오월 오일은 아침부터 날씨가 좋았다.

그리고 일을 마친 삼일 후에 새벽 네 시경 내 꿈에서 하얀 개 두 마리가 지금 살고 있는 집 베란다에 있는데 한 마리는 문턱에다 턱을 바치고 누워있고, 또 한 마리는 앞발을 세우고 앉아 씽긋

이 웃고 있는 모습이 보였다. 나는 그만 그 후로 잠을 이루지 못하고 아침을 맞았다. 조반을 마치고 곧바로 화원을 찾아갔다. 카네이션을 꼭 사고 싶었으나 그때가 가을이라 없어서 국화를 두 다발을 주문하고 집에 와서 그걸 네 묶음으로 만들어 페트병에 물을 담아 조부모님 산소 앞에 놓아 드리고 삼일 전에 합장해드린 부모님 산소 앞에 놓아 드리며 이렇게 인사를 올렸다. "이렇게 소중한 꿈을 저에게 꾸게 해주셔서 감사합니다"라고 말이다. 이렇게 인사를 드리고 우리 집으로 돌아왔다.

富貴圖
부귀도

합장

살아생전 금슬좋던 우리 부모님
죽어서도 같은곳에 같이 있겠다 했건만

떨어져 묻힌 그 거리
견우직녀 은하수보다도 멀어
칠월칠석 오작교에도 만나지 못해
단 하루도 서럽지 않은 날이 없었지.

서럽던 날을 지나
계속되던 장대비가 그치고
햇볕이 좋던 날
비록 묘지라도 다시 만나
마침내 하나가 되던 날.

그날 꿈 우리집에

하얀개 두 마리 사이좋게 찾아와

싱긋 웃는모습에 그날 잠을 설쳤지.

그 하얀개 두 마리

다시 하나가 된 무덤앞에 놓고온

새하얀 국화꽃 한다발을 닮았네

이지형

즐거웠던 여행담

지금부터는 내 즐거웠던 시간들을 이야기 할 차례다. 내 칠순 때 고창에 구시포 해변으로 우리 사남매가 첫 여행을 갔다. 내가 살아오면서 형제들이 모여서 여행하는 걸 부러워하며 살다 자식들이 모인 자리에서 내 마음을 내비쳐본 적이 있었다.

그런데 자식들이 그 말을 잊지 않고 내 칠순 때 그 소원을 이뤄 준 것이다. 참 고맙고 기특한 내 새끼들이다. 지금도 그 고마운 생각은 내 마음

속에 입력되어 있다. 이 기회에 다시 한 번 내 마음을 전하고 싶다. 말로 하면 잊기 쉬우니 영원히 남을 글로써 말이다. 그날 점심은 채식뷔페에서 먹고 바로 고창으로 출발했다. 그 순간 내 기분은 날아갈 듯 기뻤다. 내 생전 처음 하는 여행이기 때문이다. 목적지에 도착해 시원하고 간간한 바닷바람을 맞으며 이곳저곳 샅샅이 구경하고 평상에 앉아 잠깐 쉬었다. 해수찜도 하고 하니 상쾌한 기분이 들었다. 참 행복한 시간이었다. 잠깐 휴식을 취한 후에 저녁밥은 해변에 있는 식당에서 간단히 해결하고 숙소로 가는 길에 네 부부 여덟 명이 어두컴컴한 시골 밤길을 도란도란하며 넉넉한 마음으로 아주 천천히 걷는 길이 어찌나 즐거웠던지……. 지금 이 글을 쓰고 있는 순간에도 내 마음은 울렁거린다. 다행히도 해변에서 얼마 되지 않는 거리에 아담하고 깨끗한 호텔이 있어 거기서 하룻밤 지내기로 했다. 그날 밤 나는 지금이

꿈인가 생시인가하며 네 명이서 이야기도 하는데 야속한 시계는 고장도 없이 잘칵잘칵 잘도 가고 어김없이 밝아오는 아침을 맞아야 했다. 아쉽게 끝나는 여행이었다.

그 후 어느 해 봄에 셋째네 집 조카들이 전주에 있는 우리 형제들을 무주에 있는 일성 콘도로 초대를 했다. 그래서 우리들은 반가운 만남의 꿈을 싣고 들뜬 마음으로 차 안에서부터 목적지를 향해 숨가쁘게 달리고 달려 콘도에 도착하니 식구들이 우리를 맞으러 밖에 나와 기다리고 있었다. 참으로 반가운 만남이었다. 산속에서 불어 내려오는 솔바람이 우리를 반겼다. 그 솔향과 함께 계곡에서 쫠쫠쫠 흐르는 물소리 들으며 시원한 산바람을 품에 안고 앉아 표현할 수 없는 행복한 시간을 보냈다. 하루 종일 숨 가쁘게 달린 해는 서산을 향해 노을이 되고 산속에서 밤을 맞았다.

점심과 저녁을 맛있는 진수성찬으로 배부르게 먹고 노래방에도 들러 노래도 한 자락 깔고 그 노랫소리를 밟으며 걸어 방으로 돌아와 빙 둘러앉아 이런저런 이야기 끝에 내가 "우리 모두 이담에 경주로 여행한번 갔으면 좋겠다"라고 했더니 모두가 대찬성이었다. 그때 모두가 정말이지 고마웠다. 내가 사는 동안 형제들에게 잘해준 것도 하나 없는데 나를 이토록 믿어주고 도와주는 형제들에게 진심으로 고마운 생각을 떨칠 수가 없다. 지나온 세월을 되돌아보니 나는 매우 행복한 노후를 보내고 있다는 생각을 하게된다. 여행이라는 기회를 만들어 형제들이 집이 아닌 밖에 나와 한자리에 모여 오순도순하며 즐길 때 집안에 대소사 모임과는 다른 느낌을 맛볼 수 있다는 걸 여행지에서 실감할 수 있었다. 여행이란 서로가 살아가는 데 새로운 의미가 담긴 것 같아 참 소중한 시간이 아닌가 생각하게 된다. 그리고 그 자리에서 날짜를 정하고보니 그날부터 손꼽아 기다려졌다.

드디어 그렇게 기다리던 그날이 왔다. 기쁜 마음에 마음속에서는 들썩들썩하며 집에서 간단하게 반찬 몇 가지만 준비해 콘도에 가서 먹으니 꿀맛이었다. 분위기와 함께 곁들여 먹는 밥은 끼니때마다 맛나게 먹게 된다. 그렇게 준비한 기쁨을 안고 경주에 도착해서 짐만 정리해두니 가이드가 감포항으로 가잔다. 거기서 처음으로 대게 맛도 즐기며 행복한 시간을 즐기고 다음 날은 우리나라 국보나 보물이 이곳저곳에 있는 곳마다 구경하고 그 유명한 불국사에 들러 그 넓은 경내를 숙연한 마음으로 구경하는데 시간이 많이 걸렸다. 점심 때가 다가오니 가이드가 쌈밥집으로 안내했다. 때가 좀 지나서인지 맛나게 점심을 먹고 오후에는 경주에서 부자로 소문난 최부잣집에 들러 이곳저곳 샅샅이 구경하고 가볼만한 곳 몇 군

데를 구경하고 숙소로 돌아왔다. 그날이 셋째양반 생일이었다. 케이크 대신 경주에서 유명한 황남빵 스물한 개를 놓고 생일 축하 노래를 여섯 명이서 목이 터져라 불렀다. 이런 생일상은 아무나 받을 수 없는 거였다. 참 잊지 못할 아름다운 추억이었다.

다음 여행은 지리산이다. 지리산은 국립공원답게 거대한 산이다. 지리산은 집에서 멀지않은 거리에 있기 때문에 여러 차례 가봤지만 계절에 따라 그 느낌이 다르다. 솔바람과 함께 이박삼일에 여정이 시작된다. 행여 한 곳이라도 놓칠세라 이곳저곳 돌아다니며 눈도 깜박일 새 없이 찾아다니다 콘도 뒤쪽에 있는 가느다란 실도랑에 흘러내리는 물이 어찌나 맑고 깨끗한지 그 물속에다 발을 담그고 넉넉한 마음으로 앉아 발을 촐랑촐랑하며 앉아있는 순간 느닷없이 소나무 사이에서 햇살이 살금살금 내려와 우리들의 등어리를 따뜻하게 안아준다. 참 훈훈하고 포근했다. 그리고 휴게소까지 차로 올라가 거기서부터 노고단까지는 걸어서 올라갔다. 새로운 길이었다. 나는 걷는 시간이 가장 즐겁다. 그래서 걷는 시간에 사색에 잠겨보기도 하고 속으로 노래도 흥얼거리며 리듬에 맞춰 발걸음도 가볍게 걷다보면 피곤함도 잊어버리고 내 몸은 그 순간 제비가 되어 나는 기분이 된다. 그런 마음으로 노고단에 올라서니 나도 모르게 탄성이 저절로 터져나온다.

지리산의 그 많은 능선들은 자연의 위대함을 다시 한 번 느끼게 한다. 산이 높으니 자연에서 뿜어져 나오는 맑은 공기도 돈 한 푼 안 들이고 공짜로 듬뿍 마시고 내려와 배맛골 계곡을 따라 올라가다 보니 천년송이 있다는 표지판이 보인다. 그 표지판을 따라 계곡에서 좔좔좔 흘러 내려오는 물소리 들으며 넉넉한 마음으로 걸어 올라갔다. 참으로 천년을 살아온 소나무답게 도도히 서있는 그곳까지 경사진 산길을 올라가 존경스런 마음으로 안아도 보고 대화도 하며 아쉬운 작별을 하고 터벅터벅 걸어내려오면서 이토록 천년의 세월을 비바람을 견디며 살아온 저 소나무에게 감사하지 않을 수가 없다고 생각했다.

콘도에서 조금 일찍 출발해 순창 강천산으로 들어갔다. 강천산은 지리산에 비하면 아름답고 조용한 여성에 비유하고 싶다. 순전히 내 생각이다. 강천산에 들어서자 비가 내릴 것 같은 날씨였다. 그래도 온 김에 희망자 네 명이서 가기로 하고 걸어 올라가 출렁다리에 올라가는데 결국 비가 내리기 시작했다. 거기서 셋째 양빈이 출렁다리를 건너 산으로 올라갔고 비는 앞을 분간할 수 없이 내리는데 내려오지 않아 동서하고 시누이가 출렁다리를 건너 산으로 올라가 봐도 사람이 보이지 않아 만나지 못하고 그냥 내려왔다. 걱정도 되고 떨린 상태에서 비를 맞으니 더 떨렸다. 이분은 학창시절에도 모험을 즐겨서 부모님들을 가끔씩 놀라게 한 분이다. 비에 젖은 옷은 몸에 찰싹 달라붙어 꼭 물에 빠진 생쥐 새끼들이 되었으니 참 웃지 못할 모양새들이었다. 상상을 해보라. 허탈한 마음으로 물에서 건저올린 생쥐 세 마리가 걱정을 안고 터덜터덜 걸어 내려오는데 전화가 걸려온다. 만남의 장소에 금방 도착했다는 반가운 소식이다. 오돌오돌 떨리는 마음이 한결 누그러지면서 이런 생각을 했다. 산행에서 일행이 있는 경우 올라갔던 길로 되돌아 내려와야 했는데 이 상식을 지키지 못한 탓에 우리 세 여자들을 물에 빠진 생쥐로 만든 것이라고 말이다. 이젠 지나고 보니 재미있는 에피소드가 되었다. 점심에 따뜻한 두부 백반으로 몸을 데워주고 다시는 있어서는 안 될 추억을 안고 집으로 돌아왔다.

부산여행

부산 여행은 고속버스를 타고 떠났다. 빈손으로 가니 홀가분한 여행길이었다. 부산은 처음이었는데 우리가 살고 있는 육지에서는 상상할 수 없는 검푸른 바다를 바라보며 이박삼일의 여행이 시작되고 휘몰아치는 파도를 바라보며 광안대교를 달려 태종대에 도착하고 용두산 공원에 올라서니 끝이 보이지 않는 수평선을 바라보면서 무심결에 저 수평선 너머에는 어느 누가 살고 있을까 궁금해진다. 저렇게 멀고 먼 수평선은 처음이다. 용두산 공원을 내려와 배를 타고 오륙도도 한 바퀴 돌고 저녁에는 가이드가 횟집으로 안내를 해준다. 육지에서 먹어 본 회 맛과는 달랐다. 우선 싱싱하고 꼬들꼬들한 식감이 비교할 수 없다. 지금 이 글을 쓰고있는 순간에도 입안에 침이 고인다. 그래서 한 번 더 가보고 싶었는데 아직까지 가지 못하고 세월이 흐르고 있다. 못내 아쉬운 마음이 밤하늘에 별처럼 반짝거린다. 그날 밤 온천에서 온천욕도 하고 절절 끓는 방에서 시간 가는 줄 모르고 놀다 한숨 자고나니 아침이 온다.

여수는 갈 기회가 몇 번 있어 가본 곳이어서 그리 신기하지는 않았다. 여수하면 보리밥 맛있게 먹었던 기억이 떠오른다.

속초에 가는 길은 새로운 길이었다. 그 전에 내가 강릉에 다닐 때는 대관령 고개를 굽이굽이 돌아 휴게소에 들러 강원도의 특별 음식도 맛보며 넉넉한 마음으로 다닐 때 그래도 낭만이 있는 여행길이었는데 지금은 길이 넓어지고 시간도 단

강원도 태백으로 일주일간 떠난 여행.
강릉에 사는 큰 딸의 아들 백일 때 찾아갔다가 그길로 떠났던 즉흥여행.

축 됐지만 옛날 길을 다닐 때 보다는 재미가 덜한 것 같다. 참 빠른 세상이다. 속초에 가서 통일전망대가 기억에 남고 백담사에 다녀오는 길 점심시간에 있었던 웃지 못할 사건도 기억난다.

이번에는 제주 여행이다. 의미가 가득담긴 시간이었다. 고명 아가씨인 시누이의 예순한 번째 귀빠진 기념으로 가게 된 것이다. 비릿한 바닷바람과 함께한 즐거운 시간을 보냈다. 제주에 있는 코아호텔에서 묵게 되었다. 남자 넷과 여자 넷이 따로 자고 조반을 먹기 위해 방문을 열고나와 여덟 명이 마주치는 순간 둘째양반이 마누라를 어찌나 반겨하던지 그 모습이 잊히지 않는다. 참 정다운 부부의 모습이다.

제주도에도 몇 번 다녔지만 관광에서 갔기 때문에 그냥 수박 겉핥기로 한 여행이었다. 하지만

종친회에서 떠난 제주여행

이번은 형제들만 하는 여행이기 때문에 다르다. 또 가이드가 안내를 알뜰하게 해준 덕분에 알차게 하게 된 여행이다. 제주에 식물원의 규모는 엄

청나게 넓어 꼭 미로 같았다. 마음대로 돌아다닐 수는 없었지만 공기는 참 맑고 신선했다. 식물원 구경을 마치고 이번에는 다른 지방에서는 볼 수 없는 테마파크로 갔다. 여러 나라 유명한 건물들을 축소해 아기자기하게 만든 건물들이 있었는데 매우 인상적이었고 눈길을 끌기에 충분했다.

주상절리 또한 보는 순간 자연에게 순응하지 않을 수 없는 장소였다. 그날 밤 숙소에 들어가기 전에 색다른 제주 시내 구경을 잠깐 하는 시간도 재미가 쏠쏠 하였다.

이박삼일 여행을 마치고 밤 여섯 시경 비행기로 오는 상공에서 본 목포 시가지 야경은 정말로 화려했다. 군산 공항에 도착해서 곧바로 우리 집으로 와서 저녁은 돌솥밥을 배달시켜서 맛있게 먹고 모두 헤어졌다. 참으로 잊을 수 없는 여행이었다.

나는 지금까지도 이 모든 여행을 나를 위해서 정해진 여행이라고 생각하며 살고 있다. 내 형제들에게 그때도 지금도 고마운 마음 잊지 않고 살고 있다는 내 마음을 전하고 싶다. 여러 여행지는 내 마음에 감동으로 남아있을 것이다. 이 글은 내 인생이 담긴 글이다. 이 글을 쓰는 순간순간 울컥하기도 하고 감동스러운 시간도 새롭게 가져보았다. 그러나 정신과 건강이 허락해 주지 않으면 쓸 수 없었을 것이기에, 내 건강한 몸에 감사하며 노후를 이렇게 알차게 보내고 있는 여든네 살의 밤이 깊어가고 있다.

타향

우물 속
풋내 나는 칠십 세월

간간하고 눅진한 바닷바람
무르익는 시골밤길의 이야기

열어지는
살과 혈관 속 깊은 풋내

낯선 향에
울렁이는 가슴

익어가는
여든 네 살의 밤

최수빈

삶을 대하는 자세

내가 어린 나이에 시집와서 크고 작은 일 하나하나에도 나 스스로에게 약속을 하고 그 약속을 지키며 살아왔기에 큰 불편이라는 걸 모르고 살아 왔고 지금도 마찬가지로 오늘 하루도 나와의 약속을 하며 하루하루를 알차고 보람 있게 보내려고 많은 노력을 하며 살아왔다. 어찌 수많은 세월을 사는 동안 있었던 좋았던 일 불편한 일을 여기에 다 말할 수 있으랴. 분명한 것은 어떤 순간에도 내 스스로에게 다짐해 놓은 약속을 지키며 여기까지 왔다는 것이다.

한번은 어머님께서 논에서 일하고 집으로 오신 후 표정에서 찬바람이 일정도로 냉랭하셨다. 그러면서 나한테 이렇다 말 한마디 없이 언짢은 행동을 하신다. '이런 분이 아니신데……' 하면서 그 순간 나는 나대로 당황했지만 별 방법이 없었다. 그래서 영문도 모르고 긴장 속에서 어머님을 지켜보았다. 차라리 말씀을 하고 화를 내시면 덜 답답할 터인데 말이다. 옆에 다가가지도 못 하게 하시니 나는 그냥 그 순간을 지켜볼 수밖에 도리가 없었다. 참고 기다리다 저녁 설거지를 마치고 어머님 방에 노크를 하고 들어가 무릎을 꿇고 앉아서 어머님께 내 마음을 전했다. 왜 아무런 말씀 한마디 없이 그렇게 어머니 혼자서 불편해 하시냐고 사정했다. "저에게 먼저 말씀을 해주시고 화를 내시면 되는데 말씀 한마디 없이 화만 내시니 제가 뭘 잘못했는지 알아야 하지 않겠어요"라고 말씀 드렸더니 "다름 아니라 네 시아버지가 농사일로 항상 깨끗하지 못하니까 빨래도 많이 도와주고 하는데 네가 그 일로 불평을 했다며"라고 하시는 것이 아닌가. 그날 낮에 일꾼들 점심 준비하면서 작은 어머님과 아버님 옷에 대해 이야기가 오갔더랬다.

그리하여 내 궁금증은 풀렸는데 말이란 전달이 잘못되면 이런 크나큰 오해가 생길 수 있는 것이라는 것도 알게 되었다. 말이란 전달 과정에서 얼마든지 문제가 달라질 수 있다. 칭찬에 발이 달렸다면 험담에는 날개가 달렸다고 한다. 내가 한 말에 누가 날개를 달아 전한 것이다. 이럴 때 그 날개를 달아 전해주는 말만 그대로 받아 들이는 게 인간 중에 여자들이다. 정말 그렇다. 누구나 이런 오해가 생길 수 있다. 그래서 작은 어머님과 낮에 주고받은 이야기로 대화가 길어졌다. 나로서는 서로를 위해 한 말이었는데 이렇게까지 어머님 마음을 상하게 해드려 정말이지 죄송했다. 하지만 누가 한 명언인지는 몰라도 정말 시간이 약이었다.

이왕 말이 나왔으니 그날 낮에 작은 어머님과 나눈 대화를 살짝 해보자면 우리 아버님께서는 농사일을 하실지라도 인물이 출중하시어 여자들이 많이 따랐다. 그래서 옷 한 벌을 해드릴 때도 그 시대에 송방에서 제일 좋은 옷감을 선택해 입게 해드리곤 했다. 하지만 그런 옷이 빛나는 시간은 그날 하루뿐이다. 아무리 좋은 옷이라도 나들이 때 입는 옷과 일할 때 입는 작업복을 따로 구분하지 않으셨던 것이다. 그 말 때문에 전달 과정에서 와전이 되었기 때문에 잠낀이니미 어머님이 속상해 하신 것이다.

그날 저녁 나는 새벽까지 잠이 오지 않아 일어나 밖에 나가 밤하늘을 쳐다보았다. 열사흘 새벽달이 서쪽하늘에 걸려있었다. 차가운 머리보다는 따뜻한 가슴으로 사람을 대하는 사람의 마음에는 나이가 없다고 한다. 사람의 만남은 대화를 만들고, 대화는 이해를 만들고, 이해는 믿음을 만들고, 믿음은 사랑이 싹트게 하고, 사랑하는 사람들은

기쁨을 만들어 웃음을 자아내게 만들어 준다는 말을 생각할 때면 내 마음도 흐뭇해진다. 이 구절은 이 글을 읽는 사람 모두가 자주 들여다보며 마음에 담아놓고 지냈으면 하는 바람이다. 앞으로도 나에게 주어진 책임을 더욱 열심히 하겠노라는 또 한 가지 다짐을 한다.

너

너로 풀어내고 싶은 마음은 이게아닌데
너로 보여주고 싶은 진심은 그게아닌데

꺼져버린 밥솥의 찬밥보다
꺼지지 않는 따스한 네가 좋다

날개를 달지 말아줘
어디가지 말아줘

너를 그대로 전해줘

너의 날개를 잠시 접어
너를 너처럼

너에 대한 나의 약속

김세연

마음으로

차가운 머리로 한 말이란 게 이런걸까
내가 내뱉은 작은 말에
어느새 날개가 달려
오해를 묻힌 나비가 훨훨 날고 있었다

만남은 대화로 이어지고
대화를 통해 서로를 이해하고
이해를 통해 믿음이 생기고
또 믿음은 사랑을 만들고
사랑은 기쁨을 만들고
기쁨은 웃음을 만든다고 한다

번데기처럼 자그마한 말들을
차가운 머리가 아닌
따뜻한 마음으로 대하여

웃음을 자아내게 해야지

사랑이 오고가게 해야지

나의 다짐을 들은

새벽달이 환하게 웃고 있다

김세연

택배

사람의 입에서 나온
말들이 보내졌다

말들이 도착했다
택배가 분류되듯
말들이 나누어진다

칭찬은 발을
험담은 날개를 받아
배달이 된다

날개 달린 말에 아무리 시간이 약이라 하여도
가슴에 가시 박히는 것은 끝이 없다
발이 달린 말은 날개보다 느리지만
느린 만큼 큰 보상을 가져다 준다

김은비

운동

내 몸이 건강하지 못하기 때문에 육십대부터 일주일에 세 번 오전 여덟시 사십분에 상학 가는 버스에 오른다. 수왕사까지 가는데 오십분이 소요된다. 산에 오를 때 호흡 곤란이 올 때면 딱 일 초씩 숨을 고르고 또 걸어 올라간다. 딱 중간쯤에 대원사를 지나 수왕사에 도착해서는 그런 신선한 곳에서도 새치기 하는 얌체들 때문에 시간이 좀 걸린다. 매번 어렵게 물 한잔 마시고 내려 오는 시간은 삼십분이 소요된다. 운 좋은 날은 내려오자마자 숨막히게 달려가 버스를 탈 때도 있다. 이렇게 집에 오면 열한시 사십분 정도 된다. 좀 쉬었다 점심을 먹으면 밥맛이 좋았다. 그 산행을 예순여덟까지 하고 자식들의 만류 때문에 그만 접고 여기 근처에 있는 서산공원에서 산책을 하다가 또 밤에 전일초등학교 운동장에서 십오 년을 하다가 낙상을 하는 바람에 지금은 낮으로 시간을 바꾸었다. 지금은 나이 탓이기도 하겠지만 운동의 힘으로 하루하루를 보내고 있는 셈이다.

그러다 내 나이 칠십이 되고 내게 또 한 가지 약속을 하게 되었다. 며느리 정년 마칠 때까지 지금까지 모셔온 제사를 모실 것을 또 다짐한 것이다. 그런데 그 약속을 지킬 수 있도록 도와준 내 몸에게 감사하지 않을 수가 없구나. 나는 항상 포장된 내 모습보다는 있는 그대로의 모습을 강조하며 살고 있는 것이다. 아내라는, 며느리라는, 엄마라는 이름의 무게는 내 몸무게 보다 몇 배나 무거운 것이다. 나는 지금까지 살면서 형식이나 가식으로 행동 해본 적은 일 퍼센트도 없다고 자부할 수 있다.

제삿날이 다가오면 일주일 전부터 집안 대청소며 내 건강 체크도 하고 해야한다. 컨디션이 안 좋으면 자연히 찌뿌둥해지게 되고 일에 능률도 떨어지게 되니 병원에 가서 영양제 한 병 맞고 와서 건강한 몸과 마음으로 모실 것을 다짐하며 한결같이 지내온 것이다. 시대를 잘못 만나 고생만 하시다 돌아가신 조상님들을 위해서 최선을 다하고 보니 내 나이도 고개고개 몇 고개 넘어 팔십을 넘고 이제는 내 몸에 에너지가 다 빠져나가고 허수아비마냥 겉모양만이 움직일 뿐이다. 그래도 나는 조상님들에 비하면 급변하는 세월 속에서도 이렇게 오늘도 내일도 행복하게 지내고 있다. 그런 생각이 들 때면 죄송한 마음을 말로 표현 할 수 없다. 세월이 흘러도 언제까지 쓸만한 사람으로 남고 싶은 마음이다. 이 땅에 발을 디디며 사는 그 순간까지 말이다.

솔직히 내가 융통성이 부족한 건지 아니면 미련한 건지 판단이 잘 안 될 때도 있다. 아무리 부모님 모시고 산다고는 하지만 바쁜 가운데서도 가끔은 옆도 뒤도 돌아보며 살았어야 할 터인데 고지식한 성격 때문인지는 몰라도 앞만 보고 살아온 내 인생이다. 지금은 급속도로 변해가는 시대에 살고 있는 나지만 친한 친구 한 사람 만들지 못하고 지금까지도 내 그림자만 바라보고 살고 있는 것이다. 지금도 말이다.

그러기 때문에 의지 할 곳은 자식들뿐이다. 그래도 나는 내가 지나온 발자취들에 대해 단 한 번도 후회 하거나 아쉬워 한 적은 없다. 그저 잘 살아 왔다는 자부심이 앞설 뿐이다. 그리고 우리 부부에게는 제 아무리 비가 석달 열흘을 오지 않아도 마르지 않는 샘물이 있다. 그러기에 노년의 시간을 더욱 알차게 보내고 있는 것이다.

내가 평소에 책을 좀 가까이 했다고는 하지만 그래도 한 평생 앞만 보고 살며 살림에만 물 흐르듯이 살아온 터라 들에 핀 이름 모를 풀꽃 같은 인생이다. 그런 평범한 인생인데 자식들의 권유로 팔십을 훌쩍 넘긴 나이에 글로 표현하고 있다. 상상도 못 해본 일이기에 처음에는 많이 망설이다 반신반의하며 감히 자서전이라고 하기엔 미흡하기 짝이 없지만 부끄러움을 감추고 도전을 하고보니 시작이 반이라고 했던가?

풀꽃

흙을 꾹꾹 밟으며 산책을 하다가
이름 모를 풀꽃이 자극을 줬다

내려다보면 아주 작지만
가까이 보면 그렇지 않다

비, 바람, 벌레, 먼지, 시간
그럼에도 불구하고 곧게 자란 꽃
그 자체로 아주 크며 빛난다.

비가 석 달 열흘 오지 않아도
마르지 않는 샘물을
한 바가지 가득 퍼서 주자
다시 봄이 오면 만개하도록

정세영

정들었던 냉장고와의 이별

나는 요즘 이런 생각을 가끔 하게 된다. 앞으로의 내 인생도 쉬어가며 살아가리라고 말이다. 힘들었던 생활들은 내려놓고 괴로웠던 일들은 망각 속에 묻어버리고 즐거웠던 추억들은 모두 주워모아 삶의 활력소로 삼으리라. 남은 나의 인생도 덧없었던 세월도 스쳐가는 바람이라 말하고 싶다. 사람의 행복이란 생각하기 나름이지만 내가 만들어 가는 행복이 가장 가치있는 행복이라 생각한다.

이십 이년을 나와 함께 했던 냉장고와 이별 하

던 날이 기억난다. 우리가 우성 아파트로 이사할 때 이십일 년을 함께했던 냉장고와 이별하고 이 냉장고를 만났었다. 디자인도 색상도 크기도 내 마음에 쏘옥 들었던 냉장고였다. 어느 날 외출했다 돌아와 냉장고 문을 열고보니 안에 있는 그릇들이 눈물을 주르르 흘리고 있는 것이 보였다. 이게 웬일이냐하며 안절부절 못하다가 서비스센터에 전화를 했더니 한마디로 삼사일 후에 온다는 것이다. 어디가 어떻게 안 되냐고 묻지도 않고 말이다. 그래서 생각해보니 우리 냉장고가 워낙에 연로해서 부품도 없을 것 같고 해서 서비스 신청한 것을 취소하고 새 것을 모시기로 결정했다. 아마 냉장고에 심장마비가 왔었으리라. 나하고 지내는 동안 단 한 번도 잔병치레 한 적이 없었다. 며칠을 흐르는 눈물을 닦아주고 또 닦아주고 그렇게 섭섭할 수가 없었다. 나하고 이십이 년이라는 긴긴 세월을 함께 해온 시간들이 내 마음을 쓸

쓸하게 하고 떠난 것이다. 그래도 헌 냉장고를 장례비 없이 재탄생 시킨다고 회사에서 정중하게 모셔간 걸 보니 한결 내 마음이 편했다.

냉장고

오랫동안 나의 그릇을 품어 주었던 그
내 시간과 추억을 품어 주었던 그

나는 이제 그를 떠나보내야 한다

내가 서운한 만큼
그릇이 눈물을 흘려준걸까?

그릇의 눈물을 닦아주면서
서운함도 닦아버린다

이제 나와 남은 인생을 함께할
새로운 그를 맞이해야겠다

권소연

잘 가 냉장고

내 인생 22년을 함께한 냉장고야
모든 것이 내 마음에 쏙 들었던 나의 냉장고

어느 날 문득
문을 열어보니 눈물을 흘리고 있는 그릇들
아픈 냉장고를 보며 느낀
감출 수 없는 슬픔들

심장마비가 온 냉장고
수술할 새도 없이 떠나버린 냉장고

너와 보냈던 기나긴 세월
흐르는 눈물을
닦아주고
닦아봐도

섭섭한 내 마음 두고

널 이제 떠나보내련다

김선아

행복이란 무엇일까?

나는 늙는다는 것에 그다지 신경 쓰지 않고 있는 그대로를 받아들이고 살고 있다. 오히려 이마에 새겨진 주름은 살아온 깊이와 지혜를 생각하게 해주는 오솔길이라 여긴다. 그 오솔길에 정감이 있고 걸음걸음 걸어 여기까지 무사히 도착하고보니 이렇게 아름답고 행복한 세상이 나를 기다려 주었기에 오늘도 내일도 나를 위하여 사는 시간이 많아지고 있다고 생각한다. 그래서 '아...나에게도 이런 길이 오는구나' 하며 날마다 새로운 나를 발견하게 된다.

요즘들어 생각하는 건데 사람이 늙는다는 건 자신이 지나온 발자취들을 되돌아보며 반성해야 할 점이 무엇인가를 내 나름대로 점검해야 하는 것이기도 하다는 것이다.

생을 마감 할 때까지 자신의 몸과 마음을 철저하게 가꾸어야 한다는 게 나의 소신이다. 자신에 대한 관리가 소홀하다면 나머지 인생이 초라해진다. 나는 내 나름대로 날마다 꽃처럼 피어나는 마음으로 새아침을 맞이할 것이고 그래도 뒤돌아보게 되는 지난날의 내 삶의 모습에서 불만이나 아쉬움보다는 살아온 동안 몇 굽이 돌고 돌아 아름다운 추억의 열매로 느껴지는 것은 내가 이 세상을 다녀간 후에라도 이런저런 내 모습의 상자를 내 후손들이 열어볼 때 부모의 발자취가 부끄럽지 않게 하려는 마음도 담겨 있을 것이고 지나

가버린 시간 속에서 내 자신이 변해가는 일상생활을 담지 못하고 하얗게 머리만 변해가는 육체적 변화만을 남기면서 흘러간 시간만이 앙상하게 남아 있을 때 더욱 당황하게 될 것이다.

한해가 가는 마지막 한 장의 달력 앞에 섰을 때 더욱 그런 생각을 하게 된 것이다. 나는 그리움으로 엮어진 테두리 안에서 살아온 기억이 없다. 내 개인적인 삶은 포기하고 살았지만 그래도 나는 몸과 마음을 바치고 살아온 흘러간 세월은 나 자신을 지키기 위한 몸부림이었다는 생각도 해보았다. 지금도 나는 내 마음 안뜨락을 다시 한 번 점검하며 들여다보곤 한다. 누구나 행복을 바라지 않는 사람은 아무도 없을 것이다. 그러나 그 행복은 누가 주는 게 아니고 내 안에 가까이 있다는 걸 알아야 한다.

새 아침을 맞이하며

지나온 발자취가 모여
오솔길이 되고

나는 한 장의 마지막 달력 앞에
서있네

내 모습의 상자는
무엇을 담고 있는가

새 아침이 찾아오면
꽃처럼 피어나는 마음으로
내 안의 열매를 가꾸어야지

원녹견

행복은 이런 것이다.

그러면 그 행복은 무엇을 말 하는 걸까?

첫째는 상대방을 배려하는 마음 자세다. 그 중에서도 마음의 자세가 앞서야 할 것이다. 여기엔 돈도 필요 없다. 이런 자세로 살아간다면 그 해답은 바로 그 앞에 놓여 있다고 생각한다.

내 앞에 힘든 일이 닥칠 때는 낙담하지 말고 순서를 먼저 정하라. 항상 긍정적인 생각으로 살아간다면 바로 그 점이 행복일 것이다. 언제 불행이 닥치더라도 남과 비교하지 말고 내 소신대로 살면서 나만이 지니고 있는 독특한 참모습으로 살아간다면 그 점이 바로 진정한 아름다움이 아닐지 한번 생각해보아야 할 것이다.

날마다 나에게 주어진 크고 작은 모든 일에 대해서도 즐거운 마음으로 차근차근 정리해 나아간다면 그 즐거움 속에서 행복이 무럭무럭 자라나 그가 서있는 그자리가 행복의 샘터로 바뀔 것이다. 누구에게나 항상 부드럽게 대하며 살아가야 하는데 어느 누구 할 것 없이 부드러움이 강인함을 앞선다는 사실을 명심해야 할 것이다.

둘째, 누구에게나 똑같은 스물 네 시간이 주어지지만 사람마다 사는 방식이 다르기 때문에 어떻게 이 스물 네 시산을 나누어 활용하느냐에 따라 인생살이가 얼마든지 달라질 수 있다는 것이다.

내가 노년에 이르러 책을 한 줄 한 줄 읽어 나아갈 때 느끼는 그 행복감이란 그 무엇과도 비교할 수 없다. 뭐라 표현하기도 애틋한 흐름이 온몸을 감싸 안아준다. 내 몸과 마음으로 느끼며 노년의 시간을 알차게 보내고 있는 여든넷의 노인은 요즘 글을 쓰면서 이런 생각을 아니할 수가 없다.

나이든 사람은 누구나 인생 말에 유종의 미를 꽃피우고 싶을 것이다. 늘 깨어있고자 하는 사람은 생의 종착점에 이를 때까지 자기자신을 묵혀두지 않고 거듭거듭 새롭게 일깨워가며 살아가야한다.

만일 그렇게 살아간다면 이 다음 생의 문전에 섰을 때에 당당할 것이라는 생각을 해보았다. 나이 들어 물건에 집착해서 벗어나지 못한다면 그 인생은 추하게 보이고 지금껏 살아온 인생이 무가치한 삶이 될 것이다. 인간의 가장 큰 어리석음 중에 하나는 나와 남을 비교해가며 불행을 키워가는 것이다. 이런 비교는 절대 해서는 안 될 것이다.

행복

행복이란
진정한 나를 찾는 것
남과 나를 비교하지 않고
나만의 아름다움을 찾는 것

행복이란
내 인생을 꽃 피우는 것
나에게 주어진 스물 네 시간
소중히 밟고 밟아 꽃길로 만드는 것

행복이란
즐거움 속에서 자라는 샘터 같은 것
어떠한 불행에도
나만의 즐거움으로 이겨내는 것

박승희

인생을 대하는 자세

나는 지금 그 힘들고 아득하기만 했던 그 시절의 그리움을 찾아 길을 나서본다. 나는 세월이 지나고 난 후에 내 모습에서 아름다움을 느끼며 하루하루 보람을 느끼며 알차고 즐겁게 지내며 오늘도 내일도 이렇게 살아가고 있다. 이렇듯 아름답고 소중한 시간들을 만나기 위해 그리도 힘들었던 길을 소중히 간직하며 즐거운 마음으로 가만가만 숨죽이며 살아왔는지도 모른다. 나는 지금 이 시각에 최고의 만찬을 즐기며 살고있다. 가끔씩 자식들과도 만나 이런저런 정다운 대화도 나누며 오붓한 시간도 맛보며 즐긴다. 이런 시간에 사랑하는 자식들의 온기를 듬뿍 내 마음속에 저장을 해 둔다.

나는 지금까지 살면서 심심하다는 생각은 단 한 번도 가져본 적이 없다. 왜 사람들이 심심하다고 할까? 나는 이 말이 제일 이해가 안 된다. 오늘보다 내일에 대해 보다 나은 기대를 바라지 않는 사람은 아무도 없을 것이다. 그 꿈을 향해 보이지 않는 아름다움을 길러 온화하고 부드러운 생각으로 살아간다면 더 나은 내일이 되리라.

내 생각은 이렇다 누구나 한번 왔다 떠나는 인생인데 소중하고 고귀한 한 세상을 흐지부지 살다간다면 무슨 가치가 있을까 하는 생각도 하게 된 것이다.

내 일상의 겸손을 더듬으며 가만가만 조심스레 걸어본다. 바람에 갈대 잎이 서걱대는 소리에 깜짝 놀라 나는 길을 나서 본다. 나는 걷는 시간을 무척 즐기는 사람이다. 될 수 있으면 차가 다니지 않는 산길 들길 오솔길 이런 길은 무조건 좋아한다. 걷는 시간에는 무슨 생각이든 생각을 하며 걷는다. 생각을 많이 하게 되면 뇌 활량이 많아져서 뇌질환 예방이 된다고 한다. 그래서 걷는 시간에는 생각을 끝도없이 하게 된다. 걸으며 생각을 자꾸하다보면 좋은 생각이 더 많이 떠오른다. 걷는 시간에는 마음이 홀가분해지고 마음에 평화도 얻게 된다. 산길을 걷다 말고 휴식을 위해 나무그늘에 앉아서 깊은 호흡을 몰아 쉴 때에 숲 사이에서 바람이 살금살금 내려와 지친 나를 도와 깊은 잠에 들게 하고 여린 바람을 안고 잠을 청해본다.

골목길을 조용히 걷다보면 내 마음은 한없이 행복해진다. 그래서 나는 날마다 길을 나선다. 후미진 길이 더욱 정이간다. 이런 후미진 길에는 옛 생각들이 깔려있어 더듬어 보게되고 이런저런 생각들도 만나게 되는 이런 길이 더욱 정이 깊다. 산길을 가다보면 망초 꽃이 흐드러지게 피어있는 길을 만난다. 망초 꽃에 허리를 굽혀 들여다보면 꽃망울들이 조랑조랑 매달려 서로 마주보며 한들한들 흔들며 춤을 춘다. 길을 가다 실도랑에 물 흐르는 소리에 귀를 모으면 산소 같은 맑은 공기 덕에 콧노래도 흥얼거려 본다.

길

길에서

넘어지기도 했지만

훌훌 털고 일어나

걷다가 돌아보니

아름답네

오늘도

어제보다 더 나은

길을 만들기 위해

빗자루로

먼지, 모래

훌훌 쓸어버린다

이은

끝없는 길

나는 하염없이 걷는다
걷다보면 무엇이 있을까?
끝에는 무엇이 있을까?
그래서 처음에는 막막하기만 했던 길
벗어나려 빠르게 가려했다

이런 내 생각이 바뀐건
길을 걷다 만난 좋은 사람들과 좋은 풍경
그때 알았다
빨리 가는 것이 좋은 게 아님을
난 느리더라도 천천히 나의 길을 가겠다
끝에 집착하여 수많은 오늘을
의미 없이 보내지 않겠다

어느새 내가 온 길이

보이지 않을 만큼 걸어왔다

이제 좋은 사람, 좋은 풍경과

조금 느리더라도 나의 끝을 향해 걷겠다

오늘도 내일도

나는 하염없이 걷는다

정인혜

스마트폰을 통해 나에 대한 글을 쓰다

난 여든 두 살에 스마트폰을 배우게 되었다. 배우게 된 동기는 바로 이렇다. 내가 육십대 후반부터 청력에 이상이 생겨 가족들과 정상적인 대화가 불가능해졌다. 특히 미국에 살고있는 막내하고 통화할 때 내가 잘 알아듣질 못하니까 서로가 답답했다. 말하는 쪽이나 듣는 사람 모두가 답답함을 느낀 것이다. 그래서 아들이 내게 스마트폰을 사는 게 좋겠다고 제안을 했다. 그래도 내 마음에서는 불가능하다고는 생각했기 때문에 대답을 쉽사리 할 수가 없었다.

그러다 저러다 시간이 흘러 내가 여든한 살 되던 해 시월 일일 밤에 운동을 마칠 무렵 그날 컨디션이 좀 좋은 것 같아 시간을 늘린 것이 무리가 되었는지 그만 낙상을 하고 오른쪽 팔목에 골절상을 입게 되었다. 그 시각이 아홉시 반이었다. 바로 우리 동네에 정형외과로 갔었는데 여기서는 야간진료를 않는다며 굿모닝 정형외과를 소개를 해준다. 가서 뼈 사진을 찍고 난 후 뼈를 맞추고 집에 오니 열시반이다. 그러고 일주일 후에 오란다. 집에 있다 일주일 후에 갔었는데 뼈가 어긋나 있다고 하며 수술을 하고 입원을 해야 한다고 한다. 어찌나 떨리던지 그리고 곧바로 수술실로 안내를 하는데 떨리는 가슴 진정이 안 되고 나 혼자 수술대에 누워 생각하니 가족 중 누구의 손이라도 잡았으면 하는 생각뿐이다. 담당자들은 나를 안심을 시킨

뒤 부분마취 주사를 놓은 뒤 달그락거리며 수술을 시작한다. 오히려 아무런 감각도 없이 수술이 끝나고 우리 집 양반은 잔뜩 겁먹은 얼굴로 나를 바라본다. 난생 처음 병원에서 수술과 입원을 경험하게 된 것이다. 다행히 마취가 아무런 느낌 없이 기분만 멍할 뿐 원상태로 부드럽게 풀렸다.

다친 손이 오른손이었기 때문에 입원을 이십일을 하는 동안 넷째가 매끼마다 출퇴근하며 밥을 먹여주고 햇빛이 좋은 날에는 일광욕을 하기 위해 길가로 나와서 내 손을 잡고 나란히 걸으며 이런저런 대화도 나누며 시간을 보내기도 했다. 병원에 입원 해 있는 동안 입원실 복도를 밤마다 하루도 빠짐없이 사십 바퀴를 돌다보면 입원 환자들을 복도 중간에서 만날 때도 많았다. 환자 중에 다리가 불편한 사람들은 나를 보면 부러워들 한다. 그래도 내가 다친 곳이 팔이기 때문에 다른 환자를 보면서 위안을 받곤 했다. 그러다 퇴원하고도 날마다 삼 개월동안 통원 물리치료를 다녔다. 다니는 도중에 손녀가 와서 할머니 물리치료 그만 하라고 해서 중단하게 되었다.

앞으로 낫는 건 시간이 해결해 줄 것으로 믿고 편하게 지냈는데 어느 날 손녀가 오더니만 스마트폰 이야기를 또 시작한다. 예전에도 내가 병원에 있을 때 스마트폰 이야기를 꺼낸 적이 있었다. 할머니 스마트 폰에 대해서 한번 생각해보라고 언질을 준 적이 있었던 것이다. 그래도 나는 한 번도 생각해보지 않았다. 그런데 우리 집에 와서 스마트폰에 대해서 생각해 봤냐고한다. 그 순간 아! 한번 부딪혀봐야겠다고 생각했다.

그래서 그 즉시 내게 맞는 모델을 만나러 집을 나섰다. 가서 모델을 손에 넣는 순간 내게 자신이 생겨나고 가슴이 요동을 친다. 그 후로 며칠 만에 스마트폰을 사들고 모녀가 내 방으로 들어왔다. 그 날이 이천십사년 삼월 십삼일 금요일 오후 여섯시였다. 저녁을 마치고 특강으로 들어간 것이다. 어찌나 설명을 알기 쉽게 해주는지 막힘없이 받아들이며 배운 덕에 한 시간 후에 자식들에게 손자들에게 문자를 보내고보니 꽉 막혔던 마음이 뻥 뚤린듯 했다. 참 대견하지 아니한가하는 생각을 지금도 가끔씩 하고 있다. 그리고 며칠 후에 사진 찍기를 배우게 되고 그 자리에서 내가 가꾼 꽃을 찍어서 자식들에게 보냈다. 모두를 놀라워 어쩔 줄 몰라했다.

내가 글을 쓰게 된 동기도 스마트폰 때문이다. 나는 지금까지 살면서 어른들 모시는 데만 일심전력으로 살아온 사람인데 스마트폰으로 대화를 하게되면 대화에 깊이가 있고 또 정을 나눌 수 있

는 계기가 되니 자식들과도 윤기가 생기고도 더욱 가까워짐을 실감 할 수 있는 제품이다. 이걸 통해 대화를 하다보니 정도 더 돈독해지고 서로를 위하게 되고 그런 기회가 잦아지다보니 자식들의 권유로 이렇게 고목나무에 꽃이 피어 글을 쓰게 된 것이다. 내가 살아오면서 상상도 못한 일이기에 처음에는 많은 망설임 끝에 용기를 내어본 것이다. 내가 감히 이런 데까지 손을 뻗을 거란 생각은 꿈에도 하지 못했다.

그래도 글을 쓰다보니 이 나이가 되어 숨어 보이지 않는 내 꿈을 찾아 노년을 알차게 보내고 있으니 모든 일에 감사하며 노후를 알차고 행복하게 살아 갈 것을 다짐하며 오늘도 내일도 꿈이 있는 생활을 할 것이다. 나는 날마다 아침이 오면 상쾌하고 몸에 보드라운 것들이 나를 힘차게 해준다. 나는 내 일상생활은 다람쥐가 쳇바퀴 돌 듯이 하지만 마음만은 날마다 새롭다. 그래서인지 소녀 같은 마음으로 아침을 맞는다.

스마트폰

너는 내게로 와 귀가 되었네
가족의 말소리를 들어
그들의 웃음소리를 들어

너는 내게로 와 꽃이 되었네
고목나무에 꽃이 피어
사랑하는 가족에 웃음꽃 피어

너는 내게로 와 행복이 되었네
너로 인해 글을 쓸 수 있어
소녀의 마음으로 아침을 맞을 수 있어

너는 나의 햇살이 되어
얼어있던 말들을 녹이고
행복이라는 씨앗을
싹 틔우게 했네

정현선

글을 쓰다보니 이 나이가 되어
숨어 보이지 않는 내 꿈을 찾아
노년을 알차게 보내고 있으니
모든 일에 감사하며
노후를 알차고 행복하게
살아 갈 것을 다짐하며
오늘도 내일도
꿈이 있는 생활을 할 것이다

유일희망나비 소녀들과 함께...

소풍

여든넷 소녀의 아름다운 성장 이야기

초판 1쇄 발행 2017년 9월 1일

지은이 한상현
그　림 유기준
도운이 유일 희망나비
제　호 김현수
디자인 이소연

펴낸이 박재관
펴낸곳 (주)인포피아

출판등록 제 2005-000001호
주소 전주시 완산구 아중로 33
대표전화 063) 253-1004
E-mai 2531004@hanmail.net

ISBN 978-89-94512-19-8 03800

* 책값은 뒤표지에 있습니다.
* 잘못된 책은 구입한 곳에서 바꾸어 드립니다.